SPURS

- THE 25 YEAR RECORD

1972-73 to 1996-97 Seasons

SEASON BY SEASON WRITE-UPS
David Powter

EDITOR
Michael Robinson

CONTENTS

Season-by-season Write-ups – 1972/73 to 1996/97 3-13

Cup Competition Results – 1972/73 to 1996/97 13-17

Season-by-season Line-Ups & Results – 1972/73 to 1996/97 18-67

Final League Tables 68-72

British Library Cataloguing in Publication Data
A catalogue record for this book is available from the British Library
ISBN 1-86223-008-0

Copyright © 1997; SOCCER BOOKS LIMITED (01472-696226)
72, St. Peters' Avenue, Cleethorpes, N.E. Lincolnshire, DN35 8HU, England

All rights are reserved. No part of this publication may be reproduced, stored into a retrieval system or transmitted, in any form or by any means, electronic, mechanical, photocopying, recording, or otherwise, without the prior written permission of Soccer Books Limited.

Printed by Redwood Books, Kennet House, Kennet Way, Trowbridge, Wilts.

TOTTENHAM HOTSPUR F.C.
Seasons 1972-73 to 1996-97

Despite collecting their third successive top ten finish, to most Tottenham supporters 1996-97 was a season of further disappointment. A massive injury-list certainly handicapped Gerry Francis' side and for the sixth consecutive campaign there was no need to disturb the contents of the trophy cabinet. Despite this barren spell, overall the North London club has lifted 15 major trophies, five of which were won during the period 1972-73 to 1996-97.

Bill Nicholson's Spurs entered the 1972-73 campaign as holders of the UEFA Cup, having triumphed in an all-English final against Wolves. Ironically it was another Football League side, Liverpool, that destroyed their hopes of retaining the trophy. After easing past Lyn Oslo and Olympiakos, Tottenham edged past Red Star Belgrade and Vitoria Setubal to set up a semi-final with Bill Shankly's side. Having lost 1-0 at Anfield in the first leg, Spurs fought fiercely in a magnificent match at White Hart Lane. They gained victory on the night, but the 2-1 scoreline enabled the Reds to reach the final on away goals.

Spurs, however, exited against Liverpool safe in the knowledge that they would have another stab at the UEFA Cup the following season having captured the League Cup in early March. Liverpool and Wolves were their victims in the quarter and semi-finals, respectively, to set up a Wembley meeting with Norwich City. Tottenham became the first side to win the League Cup twice (having also won it two years earlier), with substitute Ralph Coates' low drive in the second half proving to be the only goal of a dull encounter.

The League Cup victory was some consolation for a disappointing League position of 8th. They had looked set for a higher finish in the first half of the campaign, but faded after winning just one of ten fixtures either side of Christmas. Pat Jennings' consistent displays helped him become the Footballer Writers' Association's 'Footballer of the Year' – the second Tottenham player (after Danny Blanchflower, who won it twice) to receive the honour. Martin Chivers netted 17 League goals to be the club's leading scorer, while Martin Peters chipped in with 15 from midfield.

Chivers also top scored with 17 goals twelve months later, but Spurs did not live up to expectations. They made a mediocre start and never rose higher than 11th, which was their final position.

The club almost gained further European glory, though, in the UEFA Cup in 1973-74, defeating Grasshoppers, Aberdeen, Dynamo Tbilisi, Cologne and

Lokomotive Leipzig to reach the final. Nicholson's side rallied to beat both German clubs after trailing 1-0 from the first leg, but found Feyenoord an even tougher proposition in the final. The first leg at White Hart Lane ended all square, at 2-2, but it was the Dutch side who triumphed 2-0 in a not so memorable night in Rotterdam.

After nearly 16 years at the helm, Bill Nicholson – White Hart Lane's most successful manager – resigned four League games into the new campaign. It was a shock decision by the Yorkshireman even though his side had yet to collect a point. To no avail, the board and players tried to persuade their disillusioned manager to change his mind. In all, Nicholson guided Tottenham to eight trophies, including the 1961 'Double' and two European triumphs.

In Nicholson's place the board made the surprise appointment of the Hull City manager Terry Neill, the former Northern Ireland international and Arsenal stalwart.

Neill's new side were almost relegated in his first season at White Hart Lane. However, they won five of their last seven fixtures to finish 19th and gain safety by one point.

It was very close though: after the last regular Saturday of the season they were still in 21st place, but then defeated Leeds 4-2 in a rearranged fixture at White Hart Lane to climb above both Chelsea and Luton. John Duncan netted 12 times to be the top scorer in 1974-75, a campaign in which Spurs fans saw the last of the retiring Mike England (who made 299 League appearances – 14 goals) and Norwich bound Martin Peters (189 games – 46 goals).

Two more experienced players, fullbacks Cyril Knowles (401 games – 14 goals) and Joe Kinnear (196 games – 2 goals) made their last appearances in Spurs shirts the following campaign, which was another without great success. Having won the opening fixture, Neill's side went another 11 League games without a victory and were marooned in mid-table for most of the season. They won five out of six fixtures to climb into the top six in early April, but faded to finish 9th. Duncan hit 20 goals to be the Division's second highest scorer.

At least Spurs enjoyed some cup success in 1975-76 en route to the last four of the League Cup. They defeated Newcastle 1-0 in the first leg of the semi-final at White Hart Lane, but the chance of another visit to Wembley disappeared when the Magpies won the return 3-1, with the help of a hotly disputed opening goal.

Martin Chivers (278 games – 118 goals) moved to Swiss side Servette Geneva during the summer of 1976. His former boss Terry Neill soon followed him down Tottenham High Road a few matches into the new season when he resigned to take a similar post at Highbury. Coach Keith Burkinshaw was promoted to become manager of a struggling side that experienced some heavy defeats early in the campaign. Any hope of saving their First Division place was terminated by a 5-0 defeat at Manchester City and they ended up bottom, two points short of the safety line. Chris Jones finished as top scorer with 9 of the 48 goals scored, but the main problems were at the other end where the Division's worst defence conceded 72 goals.

There was to be no solace in the cups in 1976-77, with Welsh sides knocking them out in the third round of both domestic competitions. Third Division Wrexham triumphed at White Hart Lane in the League Cup, while second-flight Cardiff City sunk their F.A. Cup campaign at Ninian Park.

After 27 seasons in the top-flight, Spurs kicked off 1977-78 in the Second Division. The board kept faith with Burkinshaw, a decision that was to reap dividends with their senior status regained at the first attempt. Barry Daines inherited the number one jersey after Pat Jennings was allowed to join Neill at Highbury – after making 472 League appearances for Tottenham.

Burkinshaw's side were never out of the top three and threatened to run away with the Division during an unbeaten 19 match run which took them to the top of the table. Bristol Rovers received the biggest hiding when they were slaughtered 9-0 at White Hart Lane, with Colin Lee tucking away four goals. However, it nearly all went sour at the tail-end of the term when three defeats in four games almost cost them promotion. A 0-0 draw at second placed Southampton on the final day, though, secured third place on goal difference, in front of Brighton. For the third time in four terms 16 goal Duncan headed the list of goalscorers.

The 1978-79 season not only saw Tottenham back in the top-flight, but also the surprise arrival in London N17 of two of the Argentinian squad that had won the World Cup only a few weeks earlier. It was a massive coup by Burkinshaw and the recruitment of Ossie Ardiles and Ricky Villa eventually paid off in terms of silverware. The initial road was rocky with Spurs enjoying a mixed return to the First Division. They were hammered 7-0 at Anfield, but never drifted into the relegation zone and finished on a high with two wins to take 11th place. Former Palace striker Peter Taylor netted 10 times to finish as top scorer.

There was more Welsh despair, however, when Swansea City knocked Spurs out of the League Cup at home. They did battle through to the quarter-final of the F.A. Cup, though, before falling foul of Manchester United in an Old Trafford replay.

Burkinshaw's side also reached the sixth round of the F.A. Cup twelve months later after this time beating Manchester United, in another Old Trafford replay, together with Swindon and Birmingham. However, Liverpool brought the run to a halt at Anfield.

The first three 1979-80 League fixtures ended in defeat, but Spurs clawed their way up to 5th spot by mid-November. However, they faded badly and finished only 14th. Three men – Daines, Milija Aleksic and Mark Kendall – shared the goalkeeper's jersey, but none had the stamp of quality. One man who certainly did was Glenn Hoddle, who top scored with 19 goals from midfield.

With Hoddle increasing in stature and the arrival of two incisive strikers – Steve Archibald from Aberdeen and Stoke's Garth Crooks – Tottenham looked a more effective force in 1980-81. Crooks netted 16 times and Archibald hit 20 to become the Division's joint top scorer, as Spurs bobbed along in mid-table to finish 10th.

The real success story was in the cup competitions. In the League Cup they reached the quarter-final, losing to West Ham after disposing of three other London outfits – Orient, Crystal Palace and Arsenal. This was merely a prelude, though, to an exciting F.A. Cup run which culminated in them ending their 14 year wait to lift the trophy. Coventry and three lower Division sides were sidestepped to set up a semi-final meeting with Wolves. After a 2-2 draw at Hillsborough, Spurs got the upper hand in a Highbury replay, with Crooks netting a brace and Villa thumping the third.

The other finalists were John Bond's Manchester City and it was the Citizens who opened the scoring through Tommy Hutchison shortly before the half-hour mark. The Scot was later accredited with the equaliser when he deflected a 79th minute free-kick from Hoddle into his own net. Neither side could break the deadlock in extra-time to set up the first F.A. Cup replay at Wembley the following Thursday. A tenacious Spurs performance edged the second see-saw match. Villa lashed the ball home to open the scoring early on, but City moved into a 2-1 lead shortly after the break. Spurs responded with some fine football and Crooks finished off an excellent piece of work by Hoddle to equalise with 20 minutes remaining. Then, six minutes later, Villa struck a majestic winner to decide the 100th F.A. Cup final. The Argentinian collected a pass from Tony Galvin 35 yards from goal and set off on a dazzling run that mesmerised City's defence, before placing the ball between keeper Joe Corrigan's legs, to ignite a boom of joy from the Spurs supporters. A sixth F.A. Cup was in the bag and a seventh was to be only twelve months away.

The 1981-82 F.A. Cup winning side contained eight members of the previous season's successful team: skipper Steve Perryman, Chris Hughton, Paul Miller, Graham Roberts, Hoddle, Galvin, Archibald and Crooks. Aleksic had been replaced by former Anfield custodian Ray Clemence, while the two Argentinians (though contributing in the earlier rounds) missed the 1982 final because of the Falklands War. Paul Price and Micky Hazard stepped into the breach, while a second winners' medal went to perennial substitute Garry Brooke.

The road to Wembley was paved with five tough matches in 1982. Arsenal, Leeds and Aston Villa were all defeated 1-0 at White Hart Lane, while Chelsea were edged out 3-2 in an even fiercer encounter at Stamford Bridge. Crooks and an own-goal ended Leicester's hopes in the semi-final at Villa Park to set up an all London final with Second Division QPR, managed by former Spurs midfielder (and future boss) Terry Venables.

Although firm favourites, Burkinshaw's side failed to break the deadlock until Hoddle netted ten minutes before the end of extra-time. Yet, there was still time for Terry Fenwick (who was later to move to White Hart Lane) to head Rangers level. An early penalty from the cool Hoddle decided the replay, although the match failed to stir the pulses. Nevertheless, it was welcome reward for considerable hard graft in 1981-82, a campaign that had one time promised even more as Spurs made a determined bid for on four fronts.

Tottenham's first visit to Wembley in 1982 was the Milk Cup final against Liverpool, having previously disposed of Manchester United, Wrexham, Nottingham Forest and WBA (over two tight semi-final ties). Archibald opened the scoring in the first half of the final, but the Merseysiders eventually took the trophy 3-1 after extra-time.

The Cup Winners' Cup run was halted by Barcelona at the semi-final stage. Ajax (6-1 on aggregate), Dundalk and Eintracht Frankfurt were sidestepped en route, but after drawing 1-1 in London, the Catalonian side progressed after a single goal victory at the Nou Camp.

Spurs had their best League campaign for 11 seasons in 1981-82 when they finished 4th. They went more than four months without being beaten (from mid December), but three successive defeats at the tail-end prevented them from taking third spot. Crooks was the top scorer (with 13), while Perryman was named as the 'Footballer of the Year'.

There was another 4th place finish twelve months later when nine victories in the last dozen fixtures lifted Spurs out of mid-table. Archibald top scored (with 11), while Gary Mabbutt notched just one less from midfield.

There was, however, no further joy in 1982-83. Second Division Burnley surprisingly ended their Milk Cup run 4-1 in a quarter-final replay at White Hart Lane; while, after dismissing Coleraine, Bayern Munich comprehensively ended their Cup Winners' Cup hopes in the second round. The club's first F.A. Cup defeat for nearly three years came in the fifth round at Everton.

Spurs dropped four places to 8th a year later, with Archibald (21 goals) the principal goalscorer. Somewhat disenchanted with the situation in the boardroom, Burkinshaw announced during the campaign that he was to resign at the end of the season. To see him on his way his side lifted the UEFA Cup – the third trophy won while he was at the helm.

After defeating Drogheda, Spurs took on old rivals Feyenoord in the second round. Burkinshaw's boys won the first leg 4-2 and then triumphed 2-0 in Rotterdam. Despite losing the away leg 1-0, Tottenham also performed marvellously in the third round against Bayern Munich and progressed with two goals at White Hart Lane. Further victories over Austria Vienna and Hajduk Split (on away goals) set up a two-legged final with Anderlecht. Each match ended 1-1 with Miller scoring the Spurs goal in Belgium and Roberts scoring in the return at White Hart Lane. The tie was still deadlocked at the end of extra-time and so went to a penalty shoot-out. Spurs had the cooler nerves and triumphed 4-3 to take the UEFA Cup for a second time in the club's history.

Former number two Peter Shreeve moved into the manager's office and in his first season Tottenham achieved an even better position than his former boss had ever managed. Wonderfully consistent, they were never out of the top five and led the table over the Christmas period. Eventually Everton raced clear at the top and an untimely 5-1 home defeat by Watford, in the third last match, effectively cost Spurs the runners-up spot with Liverpool nudging them into third place on goal difference.

The side was extremely settled with the following ten men featuring in over two-thirds of the fixtures: Clemence, Gary Stevens, Hughton, Roberts, Miller, Perryman, John Chiedozie, Galvin, Hoddle and the Division's third top scorer Mark Falco (who bagged 22 goals).

The fourth round proved to be their undoing in all three cups in 1985-88. Not for the first time their European aspirations were ended by a Spanish side. After defeating Sporting Braga, FC Bruges and Bohemians Prague, an own goal by Perryman proved fatal against Real Madrid in the semi-final first leg at White Hart Lane. It proved to be the only strike in the 180 minutes and the UEFA Cup slipped out of their possession.

Falco netted another 18 times to be the club's top scorer in 1985-86. Shreeve's side hovered in mid table for most of the season, though, after an erratic start and it took nine victories from the last 13 games to secure 10th place. It was not enough, however, to save the jobs of Shreeve or his assistant John Pratt. Another man who left the club that season was Steve Perryman who transferred to Oxford United, after making a club record 655 League appearances (31 goals).

The new man in the manager's office for the 1986-87 campaign was David Pleat, who was reluctantly released by Luton. His plan to use Clive Allen as the spearhead of the attack paid immediate dividends. The striker scored 49 goals in all competitions including 33 in the League. Allen was the country's leading scorer and was also voted 'Footballer of the Year'. However, despite giving all three competitions a good tilt, Spurs frustrated their fans by failing to land a trophy.

Pleat's side gave a good account of themselves in the First Division, with nine wins from eleven matches taking them into the top four in early March. They could not quite keep up the momentum, though, and collected just seven points from as many fixtures at the back-end of the season to finish third, six points behind second placed Liverpool and 15 behind the Champions Everton.

Spurs reached the last four of the Littlewoods Cup by thrashing West Ham 5-0 in a replay and appeared on course for another Wembley date for much of the two legs against Arsenal. Clive Allen netted the only goal at Highbury and also put his side into a two goal aggregate lead at White Hart Lane. However, the Gunners rallied to score twice and force extra-time. There were no further goals in that game, but Allen scored again in the replay at White Hart Lane to bring his total in the tournament to 12 – a record haul in one season. Sadly for the Spurs faithful, their North London rivals netted twice and another trip to the 'Twin Towers' went begging.

Those fans did not have long to wait for a trip to Wembley though because their side went one better in the F.A. Cup. Scunthorpe, Crystal Palace, Newcastle and Wimbledon were all beaten to set up yet another Highbury semi-final. This time the opposition proved to be slightly less formidable and Watford were defeated 4-1.

Tottenham were fully expected to extend their record of never losing an F.A. Cup final, but Coventry City forgot to read the script and the course of history was altered in a five goal thriller.

It started well enough when Clive Allen headed in after just two minutes. City equalised but Tottenham still went in at half-time a goal to the good courtesy of an effort from Mabbutt. With Hoddle, in his last game in a Spurs shirt, surprisingly marked out of the game, Coventry took over to force extra-time and then snatched the cup when a cross-shot deflected past Clemence off the gutted Mabbutt.

After 377 League appearances (and 88 goals), Hoddle departed for Monaco in the summer of 1987. It was not long before two more significant departures severely impeded the club's progress. They were in third place in early October when homesick skipper Richard Gough left suddenly for Glasgow Rangers.

Then, later that same month, Pleat resigned following allegations about his private life. In addition, Chris Waddle missed a significant spell after being injured in an England shirt and Spurs were on the slide. After a nine match winless run in which they netted only three times, Terry Venables took over as manager. An improvement in fortunes followed, but another poor patch near the end of the season meant their final position was only 13th. Clive Allen top scored again in 1987-88, but his quota had been cut by exactly two-thirds to 11.

Injuries dogged Ossie Ardiles' later years in a Spurs shirt and he finally moved to QPR during May 1988 after making a total of 238 League appearances (16 goals). Then in the summer, after netting a phenomenal 60 goals in 105 games, Clive Allen left the club for Bordeaux. But as one door shut, another was kicked open when Paul Gascoigne arrived from Tyneside for £2 million.

It was another former Newcastle player, Waddle, who top scored (with 14) in 1988-89 as Venables' side gradually improved after a poor start. They won only one of their first ten fixtures but, in contrast, won five of their last seven games to take 6th place.

Although Waddle (138 games – 33 goals) moved to Marseilles during the summer, Spurs fans looked forward to 1989-90 with great anticipation after Venables returned to his former club Barcelona to buy Gary Lineker. The England striker enjoyed immediate success in London and finished the season as the First Division's leading scorer, with 24 goals. After another mediocre start, Spurs became much more consistent and eight victories in the last ten games earned them third place, behind Champions Liverpool and Aston Villa.

Hopes of another Wembley appearance were raised when they reached the quarter-final of the Littlewoods Cup, but Nottingham Forest edged them out by the odd goal in five in a White Hart Lane replay.

Spurs reached the quarter-final of the same competition, renamed the Rumbelows Cup, a year later but were again beaten (3-0 by Chelsea) in a home replay. There was frustration in the League, too, when an unusually good start (unbeaten after the first 10 matches) was wasted as they drifted down the table to finish 10th. Lineker was again the main marksman (with 15).

The 1990-91 campaign was ultimately a successful one as the club lifted the F.A. Cup for a record eighth time. The final, against Nottingham Forest, was not their only trip to Wembley either, as for the first time the National Stadium was used to stage a semi-final. The draw having coupled Spurs with Arsenal. Gascoigne netted a fine free-kick as his side triumphed 3-1 to inflict one of three defeats on the Gunners (who later collected the title) in all competitions in 1990-91.

Gascoigne – in his last game for the club before joining Lazio – made his mark less than 15 minutes into the final, but unfortunately it was a negative one for Tottenham. The midfielder badly injured himself fouling Gary Charles and Forest took the lead from the resultant free-kick. Nevertheless, it all came good eventually as Paul Stewart equalised early in the second half and, in extra-time, an own goal by Des Walker enabled Mabbutt to raise the F.A. Cup aloft and so exorcise a lot of the bad vibes from four years earlier.

Despite winning the F.A. Cup, Spurs had severe financial problems and almost folded. The rescue package came from Terry Venables, who took a chief-executive role, and multi-millionaire businessman Alan Sugar who became the club's chairman.

Venables' move upstairs paved the way for Peter Shreeve to rejoin as manager in July 1991. The team responded well initially, but failed to build on an encouraging start and despite Lineker (the Division's second top scorer) netting 28 times they tumbled towards the relegation zone. They rallied, with four wins in their last five games, but still only climbed to 15th.

Having lost their grip on the F.A. Cup by losing 2-1 at home to Aston Villa in a third round replay, hopes of another trip to Wembley rested on their Rumbelows Cup run. They battled through to the semi-final and looked favourites to go further after drawing at Nottingham Forest in the first leg. However, it was the visitors who took the London leg on 1st March. Later that month the club also exited the Cup Winners' Cup when Feyenoord got the better of them in the quarter-final – a solitary goal in Rotterdam proving the difference over the 180 minutes. Stockerau, Hajduk Split and Porto had previously been defeated as the Tottenham bandwagon built up a head of steam.

The summer of 1992 saw Shreeve leave again and team affairs were handed over to coaches Doug Livermore and Ray Clemence. Another man to depart the club was Lineker who joined Japan's Grampus Eight. The England captain had topped the club's list of scorers in each of his three seasons – netting 67 times from 105 games.

Spurs made a poor start to 1992-93, not winning until their sixth League game, but five successive victories in the new year helped them to finish 8th. Lineker's replacement was early season signing Teddy Sheringham, who finished as the Premier League's leading scorer with 22 goals (all but the first in a Tottenham shirt).

Another good F.A. Cup run saw them again meet Arsenal in their second Wembley semi-final clash in three seasons. This time it was the Gunners who booked a return trip to the Twin Towers, scoring the only goal in the second half.

The breakdown of the Venables/Sugar alliance saw the former leave the club at the end of the season along with Clemence. Ossie Ardiles returned to become manager, with Steve Perryman relinquishing the manager's office at Watford to become his assistant.

The Argentinian's side made a good start to 1993-94, but later struggled when they won only two out of 23 matches, a spell which included seven successive defeats at the start of 1994. Sheringham bagged 14 goals to be the top scorer again, but his side slumped to 15th in the final table. There was some joy in the Coca-Cola Cup, but it was ultimately ended by Aston Villa at the quarter-final stage.

White Hart Lane was buzzing at the start of 1994-95 with the arrival of Jurgen Klinsmann and Ilie Dumitrescu. Gica Popescu joined soon afterwards, by which time the fans had already experienced the roller-coaster of emotions with three wins (including a 4-3 opener at Sheffield Wednesday) and three defeats. Ardiles' attacking policy attracted a lot of press comment and on 1st November he was relieved of his duties. His side had conceded 24 goals in 12 League games and a further nine in three Coca-Cola Cup ties – the last of which ended in a 3-0 exit at second-flight Notts County.

Caretaker boss Perryman had a one match reign which ended in defeat and he departed when Gerry Francis swapped his Loftus Road manager's office for the one down Tottenham High Road. Francis' first game was a 4-3 reverse at home by Aston Villa, but he soon tightened the defence and his side lost only five more League games during the final two-thirds of the campaign. It was remarkable how quickly the side were transformed and yet Francis made no new signings.

Klinsmann, with his distinctive diving celebrations, quickly became the fans' favourite, while Sheringham, Darren Anderton, Nick Barmby and David Howells played an important part in helping to keep the goals flowing. Spurs eventually finished 7th, with Klinsmann top scoring (with 20) and Sheringham netting just two less.

The club's best performance of the campaign was a marvellous 2-1 victory at Anfield in the quarter-final of the F.A. Cup. Klinsmann netted the winner and also scored (from the spot) in the semi-final at Elland Road. However, much to the disgust of thousands of fans who travelled from London, that Sunday turned out to be the most disappointing day of the season as Everton ran out 4-1 winners.

Klinsmann was deservedly voted the 1995 'Footballer of the Year' – the fifth Tottenham player to receive the honour. However, to the disappointment of millions of English football fans, he then returned to Germany to join Bayern Munich after just one season in the Premiership.

Spurs slipped one place in 1995-96 to 8th, with an ever-present Sheringham top scoring with 16 goals and his new partner Chris Armstrong (signed from Crystal Palace) contributing 15. After a shaky start, Francis' side rose from mid table to lie among the top four during December and January. They drifted afterwards but only lost nine League games all term and conceded more than one goal on just nine occasions.

A catalogue of injuries torpedoed Spurs hopes of lifting any silverware in 1996-97. Skipper Gary Mabbutt broke his leg in the first game, while among others Anderton and Armstrong missed large chunks of the campaign. Even new signings like Norwegian striker Steffen Iversen and defenders John Scales and Ramon Vega were side-lined at various stages. Sheringham was the main marksman, but he found the net just seven times. The only cup victories were in the Coca-Cola Cup, but that run came to a juddering halt in the fourth round as Bolton Wanderers thumped them 6-1 at Burnden Park.

After six barren years, Tottenham supporters are desperate for Gerry Francis to bring home some silverware. With a strong squad there are many reasons for optimism, but it would certainly help if they had a less frequented treatment room.

SPURS CUP COMPETITION RESULTS 1972-1997

F.A. CUP
1972/73 SEASON
3rd Round
Jan 13 vs Margate (a) 6-0
Att: 8,500 Knowles, Pratt, Pearce, Chivers 2, Peters
4th Round
Feb 3 vs Derby County (a) 1-1
Att: 37,895 Chivers
Replay
Feb 7 vs Derby County (h) 3-5 (aet.)
Att: 52,736 England (pen), Glizean, Chivers
1973/74 SEASON
3rd Round
Jan 5 vs Leicester City (a) 0-1
Att: 28,280
1974/75 SEASON
3rd Round
Jan 4 vs Nottingham Forest (a) 1-1
Att: 23,355 Chivers
Replay
Jan 8 vs Nottingham Forest (h) 0-1
Att: 27,996
1975/76 SEASON
3rd Round
Jan 3 vs Stoke City (h) 1-1
Att: 26,715 Duncan
Replay
Jan 24 vs Stoke City (a) 1-2
Att: 29,751 Perryman
1976/77 SEASON
3rd Round
Jan 8 vs Cardiff City (a) 0-1
Att: 27,868

1977/78 SEASON
3rd Round
Jan 7 vs Bolton Wanderers (h) 2-2
Att: 43,731 Hoddle, Duncan
Replay
Jan 10 vs Bolton Wanderers (a) 1-2 (aet.)
Att: 31,314 Taylor (pen)
1978/79 SEASON
3rd Round
Jan 10 vs Altrincham (h) 1-1
Att: 31,081 Taylor (pen)
Replay (at Maine Road)
Jan 16 vs Altrincham (h) 3-0
Att: 27, 878 Lee 3
4th Round
Feb 12 vs Wrexham (h) 3-3
Att: 27,120 Hoddle, Jones, Roberts (og)
Replay
Feb 21 vs Wrexham (a) 3-2 (aet.)
Att: 16,050 Jones 3
5th Round
Feb 28 vs Oldham Athletic (a) 1-0
Att: 16,097 Perryman
6th Round
Mar 10 vs Manchester United (h) 1-1
Att: 51,800 Ardiles
Replay
Mar 14 vs Manchester United (a) 0-2
Att: 54,510
1979/80 SEASON
3rd Round
Jan 5 vs Manchester United (h) 1-1
Att: 45,207 Ardiles

Replay
Jan 9 vs Manchester United (a) 1-0 (aet.)
Att: 53,762 Ardiles
4th Round
Jan 26 vs Swindon Town (a) 0-0
Att: 26,000
Replay
Jan 30 vs Swindon Town (h) 2-1
Att: 46,707 Armstrong 2
5th Round
Feb 16 vs Birmingham City (h) 3-1
Att: 49,936 Armstrong, Hoddle 2 (1 pen)
6th Round
Mar 8 vs Liverpool (h) 0-1
Att: 48,033
1980/81 SEASON
3rd Round
Jan 3 vs Queen's Park Rangers (a) 0-0
Att: 28,829
Replay
Jan 7 vs Queen's Park Rangers (h) 3-1
Att: 36,294 Galvin, Hoddle, Crooks
4th Round
Jan 24 vs Hull City (h) 2-0
Att: 37,532 Archibald, Brooke
5th Round
Feb 14 vs Coventry City (h) 3-1
Att: 36,688 Hughton, Ardiles, Archibald
6th Round
March 7 vs Exeter City (h) 2-0
Att: 40,629 Miller, Roberts
Semi-Final (at Hillsborough)
Apr 11 vs Wolverhampton Wanderers 2-2
Att: 40,174 Archibald, Hoddle

Replay (at Highbury)
Apr 15 vs Wolverhampton Wanderers 3-0
Att: 52,539 Villa, Crooks 2
FINAL (at Wembley)
May 9 vs Manchester City 1-1 (aet.)
Att: 100,000 Hutchinson (og)
Replay (at Wembley)
May 14 vs Manchester City 3-2
Att: 96,000 Villa 2, Crooks

1981/82 SEASON
3rd Round
Jan 2 vs Arsenal (h) 1-0
Att: 38,421 Crooks
4th Round
Jan 23 vs Leeds United (h) 1-0
Att: 46,126 Crooks
5th Round
Feb 13 vs Aston Villa (h) 1-0
Att: 43,419 Falco
6th Round
Mar 6 vs Chelsea (a) 3-2
Att: 42,557 Hoddle, Archibald, Hoddle
Semi-Final (at Villa Park)
Apr 3 vs Leicester City 2-0
Att: 46,606 Crooks, Wilson (og)
FINAL (at Wembley)
May 22 vs Queen's Park Rangers 1-1 (aet.)
Att: 100,000 Hoddle
Replay (at Wembley)
May 27 vs Queen's Park Rangers 1-0
Att: 92,000 Hoddle (pen)

1982/83 SEASON
3rd Round
Jan 8 vs Southampton (h) 1-0
Att: 38,040 Hazard
4th Round
Jan 29 vs West Bromwich Albion (h) 2-1
Att: 38,208 Gibson, Crooks
5th Round
Feb 19 vs Everton (a) 0-2
Att: 42,995

1983/84 SEASON
3rd Round
Jan 7 vs Fulham (a) 0-0
Att: 23,398
Replay
Jan 11 vs Fulham (h) 2-0
Att: 32,898 Roberts, Archibald
4th Round
Jan 28 vs Norwich City (h) 0-0
Att: 37,792
Replay
Feb 1 vs Norwich City (a) 1-2
Att: 26,811 Falco

1984/85 SEASON
3rd Round
Jan 5 vs Charlton Athletic (h) 1-1
Att: 29,029 Crooks
Replay
Jan 23 vs Charlton Athletic (a) 2-1
Att: 21,409 Falco, Galvin
4th Round
Jan 27 vs Liverpool (a) 0-1
Att: 27,905

1985/86 SEASON
3rd Round
Jan 4 vs Oxford United (a) 1-1
Att: 10,638 Chiedozie
Replay
Jan 8 vs Oxford United (h) 2-1 (aet.)
Att: 19,136 Waddle, C. Allen

4th Round
Jan 25 vs Notts County (a) 1-1
Att: 17,546 C. Allen
Replay
Jan 29 vs Notts County (h) 5-0
Att: 17,393 Chiedozie, Falco, C. Allen, Hoddle, Waddle
5th Round
Mar 4 vs Everton (h) 1-2
Att: 23,338 Falco

1986/87 SEASON
3rd Round
Jan 10 vs Scunthorpe United (h) 3-2
Att: 19,339 Mabbutt, Waddle, Claesen
4th Round
Jan 31 vs Crystal Palace (h) 4-0
Att: 29,603 Mabbutt, C. Allen (pen), Claesen, O'Reilly (og)
5th Round
Feb 21 vs Newcastle United (h) 1-0
Att: 38,033 C. Allen (pen)
6th Round
Mar 15 vs Wimbledon (a) 2-0
Att: 15,636 Waddle, Hoddle
Semi-Final (at Villa Park)
Apr 11 vs Watford 4-1
Att: 46,151 Hodge 2, C. Allen, P. Allen
FINAL (at Wembley)
May 16 vs Coventry City 2-3 (aet.)
Att: 98,000 C. Allen, Mabbutt

1987/88 SEASON
3rd Round
Jan 9 vs Oldham Athletic (a) 4-2
Att: 16,931 Thomas, C. Allen 2, Waddle
4th Round
Jan 30 vs Port Vale (h) 1-2
Att: 20,045 Ruddock

1988/89 SEASON
3rd Round
Jan 7 vs Bradford City (a) 0-1
Att: 15,917

1989/90 SEASON
3rd Round
Jan 6 vs Southampton (h) 1-3
Att: 33,134 Howells

1990/91 SEASON
3rd Round
Jan 5 vs Blackpool (a) 1-0
Att: 9,563 Stewart
4th Round
Jan 26 vs Oxford United (h) 4-2
Att: 31,665 Mahbutt, Gascoigne 2, Lineker
5th Round
Feb 16 vs Portsmouth (a) 2-1
Att: 26,049 Gascoigne 2
6th Round
Mar 10 vs Notts County (h) 2-1
Att: 29,686 Nayim, Gascoigne
Semi-Final (at Wembley)
Apr 14 vs Arsenal 3-1
Att: 77,893 Gascoigne, Lineker 2
FINAL (at Wembley)
May 18 vs Nottingham Forest 2-1 (aet.)
Att: 80,000 Stewart, Walker (og)

1991/92 SEASON
3rd Round
Jan 5 vs Aston Villa (a) 0-0
Att: 29,316
Replay
Jan 14 vs Aston Villa (h) 0-1
Att: 25,462

1992/93 SEASON
3rd Round (at White Hart Lane)
Jan 2 vs Marlow (a) 5-1
Att: 26,636 Barmby 2, Samways 2, Sheringham
4th Round
Jan 24 vs Norwich City (a) 2-0
Att: 15,005 Sheringham 2
5th Round
Feb 14 vs Wimbledon (h) 3-2
Att: 26,529 Anderton, Sheringham, Barmby
6th Round
Mar 7 vs Manchester City (a) 4-2
Att: 34,050 Nayim 3, Sedgley
Semi-Final (at Wembley)
Apr 4 vs Arsenal 0-1
Att: 76,263

1993/94 SEASON
3rd Round
Jan 8 vs Peterborough United (a) 1-1
Att: 19,169 Dozzell
Replay
Jan 19 vs Peterborough United (h) 1-1 (aet.)
Att: 24,893 Barmby
Tottenham won 5-4 on penalties
4th Round
Jan 29 vs Ipswich Town (a) 0-3
Att: 22,539

1994/95 SEASON
3rd Round
Jan 7 vs Altrincham (h) 3-0
Att: 25,057 Sheringham, Rosenthal, Nethercott
4th Round
Jan 29 vs Sunderland (a) 4-1
Att: 21,135 Klinsmann 2 (1 pen), Sheringham, Melville (og)
5th Round
Feb 18 vs Southampton (h) 1-1
Att: 28,091 Klinsmann
Replay
Mar 1 vs Southampton (a) 6-2 (aet.)
Att: 15,172 Rosenthal 3, Sheringham, Barmby, Anderton
6th Round
Mar 11 vs Liverpool (a) 2-1
Att: 39,592 Sheringham, Klinsmann
Semi-Final (at Elland Road)
Apr 9 vs Everton (a) 1-4
Att: 38,226 Klinsmann (pen)

1995/96 SEASON
3rd Round
Jan 6 vs Hereford United (a) 1-1
Att: 8,806 Rosenthal
Replay
Jan 17 vs Hereford United (h) 5-1
Att: 31,534 Sheringham 3, Armstrong 2
4th Round
Jan 27 vs Wolverhampton Wanderers (h) 1-1
Att: 32,812 Wilson
Replay
Feb 7 vs Wolverhampton Wanderers (a) 2-0
Att: 27,846 Rosenthal, Sheringham
5th Round
Feb 28 vs Nottingham Forest (a) 2-2
Att: 18,600 Armstrong 2
Replay
Mar 9 vs Nottingham Forest (h) 1-1 (aet.)
Att: 31,055 Sheringham
Nottingham Forest won 3-1 on penalties

1996/97 SEASON
3rd Round
Jan 5 vs Manchester United (a) 0-2
Att: 52,495

14

LEAGUE CUP

1972/73 SEASON
2nd Round
Sep 6 vs Huddersfield Town (h) 2-1
Att: 21,422 Gilzean, Chivers
3rd Round
Oct 3 vs Middlesbrough (a) 1-1
Att: 23,822 Pearce
Replay
Oct 11 vs Middlesbrough (h) 0-0 (aet.)
Att: 19,256
2nd Replay
Oct 30 vs Middlesbrough (h) 2-1 (aet.)
Att: 19,287 Gilzean, Peters
4th Round
Nov 1 vs Millwall (h) 2-0
Att: 28,904 Perryman, Peters
5th Round
Dec 4 vs Liverpool (a) 1-1
Att: 48,677 Peters
Replay
Dec 6 vs Liverpool (h) 3-1
Att: 34,565 Pratt, Chivers 2
Semi-Final (1st leg)
Dec 20 vs Wolverhampton Wands. (a) 2-1
Att: 28,327 Pratt, Peters
Semi-Final (2nd leg)
Dec 30 vs Wolves (h) 2-2 (aet.) (agg. 4-3)
Att: 41,653 Chivers, Peters
FINAL (at Wembley)
Mar 3 vs Norwich City 1-0
Att: 100,000 Coates

1973/74 SEASON
2nd Round
Oct 8 vs Queen's Park Rangers (a) 0-1
Att: 23,353

1974/75 SEASON
2nd Round
Sep 11 vs Middlesbrough (h) 0-4
Att: 15,216

1975/76 SEASON
2nd Round
Sep 9 vs Watford (a) 1-0
Att: 14,997 Jones
3rd Round
Oct 8 vs Crewe Alexandra (a) 2-0
Att: 10,561 Pratt, Conn
4th Round
Nov 12 vs West Ham United (h) 0-0
Att: 49,161
Replay
Nov 24 vs West Ham United (a) 2-0 (aet.)
Att: 38,443 Young, Duncan
5th Round
Dec 3 vs Doncaster Rovers (h) 7-2
Att: 25,702 Pratt, Chivers 2, Duncan 3, Chappell (og)
Semi-Final (1st leg)
Jan 14 vs Newcastle United (h) 1-0
Att: 40,215 Pratt
Semi-Final (2nd leg)
Jan 21 vs Newcastle Utd. (a) 1-3 (agg. 2-3)
Att: 49,657 McAllister

1976/77 SEASON
2nd Round
Aug 31 vs Middlesbrough (a) 2-1
Att: 19,042 Moores, Neighbour
3rd Round
Sep 22 vs Wrexham (h) 2-2
Att: 19,156 Hoddle, Moores

1977/78 SEASON
2nd Round
Aug 31 vs Wimbledon (h) 4-0
Att: 22,807 Osgood (pen), Duncan 3
3rd Round
Oct 26 vs Coventry City (h) 2-3
Att: 35,099 Pratt, Armstrong

1978/79 SEASON
2nd Round
Aug 29 vs Swansea City (a) 2-2
Att: 24,335 Hoddle (pen), Armstrong
Replay
Sep 6 vs Swansea City (h) 1-3
Att: 33,672 Villa

1979/80 SEASON
2nd Round (1st leg)
Aug 29 vs Manchester United (h) 2-1
Att: 29,163 Pratt, Hoddle
2nd Round (2nd leg)
Sep 5 vs Manchester Utd. (a) 1-3 (agg. 3-4)
Att: 48,292 Armstrong

1980/81 SEASON
2nd Round (1st leg)
Aug 27 vs Orient (a) 1-0
Att: 20,087 Lacy
2nd Round (2nd leg)
Sep 3 vs Orient (h) 3-1 (aggregate 4-1)
Att: 25,806 Archibald 2, Crooks
3rd Round
Sep 24 vs Crystal Palace (h) 0-0
Att: 29,654
Replay
Sep 30 vs Crystal Palace (a) 3-1 (aet.)
Att: 26,885 Villa, Hoddle, Crooks
4th Round
Nov 4 vs Arsenal (h) 1-0
Att: 42,511 Ardiles
5th Round
Dec 2 vs West Ham United (a) 0-1
Att: 36,003

1981/82 SEASON
2nd Round (1st leg)
Oct 7 vs Manchester United (h) 1-0
Att: 39,333 Archibald
2nd Round (2nd leg)
Oct 28 vs Manchester Utd (a) 1-0 (agg. 2-0)
Att: 55,890 Hazard
3rd Round
Nov 11 vs Wrexham (h) 2-0
Att: 24,084 Hughton, Hoddle
4th Round
Dec 2 vs Fulham (h) 1-0
Att: 30,214 Hazard
5th Round
Jan 18 vs Nottingham Forest (h) 1-0
Att: 31,192 Ardiles
Semi-Final (1st leg)
Feb 3 vs West Bromwich Albion (a) 0-0
Att: 32,238
Semi-Final (2nd leg)
Feb 10 vs West Brom Alb (h) 1-0 (agg. 1-0)
Att: 47,241 Hazard
FINAL (at Wembley)
Mar 13 vs Liverpool 1-3 (aet.)
Att: 100,000

1982/83 SEASON
2nd Round (1st leg)
Oct 6 vs Brighton & Hove Albion (h) 1-1
Att: 20,416 Brooke (pen)
2nd Round (2nd leg)
Oct 25 vs Brighton & H.A (a) 1-0 (agg. 2-1)
Att: 20,755 Crooks

1983/84 SEASON
3rd Round
Nov 9 vs Gillingham (a) 4-2
Att: 14,366 Archibald 2, Crooks 2
4th Round
Dec 1 vs Luton Town (h) 1-0
Att: 27,861 Villa
5th Round
Jan 19 vs Burnley (h) 1-4
Att: 30,771 Gibson

1983/84 SEASON
2nd Round (1st leg)
Oct 5 vs Lincoln City (h) 3-1
Att: 20,491 Galvin, Archibald, Houghton (og)
2nd Round (2nd leg)
Oct 26 vs Lincoln City (a) 1-2 (aggreg. 4-3)
Att: 12,239 Falco
3rd Round
Nov 9 vs Arsenal (h) 1-2
Att: 48,200 Hoddle (pen)

1984/85 SEASON
2nd Round (1st leg)
Sep 26 vs Halifax Town (a) 5-1
Att: 7,027 Falco 2, Crooks 3
2nd Round (2nd leg)
Oct 9 vs Halifax Town (h) 4-0 (aggreg. 9-1)
Att: 14,802 Hughton, Hazard 2, Crooks
3rd Round
Oct 31 vs Liverpool (h) 1-0
Att: 38,690 Allen
4th Round
Nov 21 vs Sunderland (a) 0-0
Att: 27,421
Replay
Dec 5 vs Sunderland (h) 1-2
Att: 25,835 Roberts (pen)

1985/86 SEASON
2nd Round (1st leg)
Sep 23 vs Orient (a) 0-2
Att: 13,828
2nd Round (2nd leg)
Oct 30 vs Orient (h) 4-0 (aggregate 4-2)
Att: 21,046 Roberts 2, Galvin, Waddle
3rd Round
Nov 6 vs Wimbledon (h) 2-0
Att: 16,899 Leworthy, Mabbutt
4th Round
Nov 20 vs Portsmouth (h) 0-0
Att: 28,619
Replay
Nov 27 vs Portsmouth (a) 0-0 (aet.)
Att: 28,100
2nd Replay
Dec 10 vs Portsmouth (a) 0-1
Att: 26,306

1986/87 SEASON
2nd Round (1st leg)
Sep 23 vs Barnsley (a) 3-2
Att: 10,079 Roberts, C. Allen, Waddle
2nd Round (2nd leg)
Oct 8 vs Barnsley (h) 5-3 (aggregate 8-5)
Att: 12,299 Close, Hoddle 2, Galvin, C. Allen
3rd Round
Oct 29 vs Birmingham City (h) 5-0
Att: 15,542 Roberts, C. Allen 2, Hoddle, Waddle
4th Round
Nov 26 vs Cambridge United (a) 3-1
Att: 10,033 C. Allen, Close, Waddle
5th Round
Jan 27 vs West Ham United (h) 1-1
Att: 28,648 C. Allen

15

Replay
Feb 2 vs West Ham United (h) 5-0
Att: 41,995 C. Allen 3 (1 pen), Hoddle, Claesen
Semi-Final (1st leg)
Feb 8 vs Arsenal (a) 1-0
Att: 41,256 C. Allen
Semi-Final (2nd leg)
Mar 1 vs Arsenal (h) 1-2 (aet.) (agg. 2-2)
Att: 37,099 C. Allen
Replay
Mar 4 vs Arsenal (h) 1-2
Att: 41,005 C. Allen

1987/88 SEASON
2nd Round (1st leg)
Sep 23 vs Torquay United (a) 0-1
Att: 5,000
2nd Round (2nd leg)
Oct 7 vs Torquay United (h) 3-0 (agg. 3-1)
Att: 20,970 Claesen 2, Croft
3rd Round
Oct 28 vs Aston Villa (a) 1-2
Att: 29,114 Ardiles

1988/89 SEASON
2nd Round (1st leg)
Sep 27 vs Notts County (a) 1-1
Att: 9,269 Samways
2nd Round (2nd leg)
Oct 11 vs Notts County (h) 2-1 (agg. 3-2)
Att: 14,953 Fenwick (pen), Gascoigne
3rd Round
Nov 1 vs Blackburn Rovers (h) 0-0
Att: 18,814
Replay
Nov 9 vs Blackburn Rovers (a) 2-1 (aet.)
Att: 12,961 Thomas, Stewart
4th Round
Nov 29 vs Southampton (a) 1-2
Att: 17,357 Osman (og)

1989/90 SEASON
2nd Round (1st leg)
Sep 20 vs Southend United (h) 1-0
Att: 15,734 Fenwick
2nd Round (2nd leg)
Oct 4 vs Southend U (a) 2-3 (aet.)(agg. 3-3)
Att: 10,400 Allen, Nayim
Tottenham won on the away goals rule
3rd Round
Oct 25 vs Manchester United (a) 3-0
Att: 45,759 Lineker, Samways, Nayim
4th Round
Nov 22 vs Tranmere Rovers (a) 2-2
Att: 13,789 Gascoigne, Higgins (og)
Replay
Nov 29 vs Tranmere Rovers (h) 4-0
Att: 22,720 Allen, Howells, Mabbutt, Stewart
5th Round
Jan 17 vs Nottingham Forest (a) 2-2
Att: 30,044 Lineker, Sedgley
Replay
Jan 24 vs Nottingham Forest (h) 2-3
Att: 32,357 Nayim, Walsh

1990/91 SEASON
2nd Round (1st leg)
Sep 26 vs Hartlepool United (h) 5-0
Att: 19,760 Gascoigne 4 (1 pen), Lineker
2nd Round (2nd leg)
Oct 9 vs Hartlepool United (a) 2-1 (agg. 7-1)
Att: 9,631 Stewart 2
3rd Round
Oct 30 vs Bradford City (h) 2-1
Att: 25,451 Stewart, Gascoigne

4th Round
Nov 27 vs Sheffield United (a) 2-0
Att: 25,852 Gascoigne, Stewart
5th Round
Jan 16 vs Chelsea (a) 0-0
Att: 34,178
Replay
Jan 23 vs Chelsea (h) 0-3
Att: 33,861

1991/92 SEASON
2nd Round (1st leg)
Sep 25 vs Swansea City (a) 0-1
Att: 11,416
2nd Round (2nd leg)
Oct 9 vs Swansea City (h) 5-1 (aggreg. 5-2)
Att: 20,198 Stewart, Samways, Lineker, Allen, Brazil (og)
3rd Round
Oct 29 vs Grimsby Town (a) 3-0
Att: 17,017 Howells, Durie, Lineker
4th Round
Dec 4 vs Coventry City (a) 2-1
Att: 20,095 Durie, Allen
5th Round
Jan 8 vs Norwich City (h) 2-1
Att: 29,471 Walsh, Lineker
Semi-Final (1st leg)
Feb 9 vs Nottingham Forest (a) 1-1
Att: 21,402 Lineker (pen)
Semi-Final (2nd leg)
Mar 1 vs Nottingham Forest (h) 1-2 (agg. 2-3)
Att: 28,216 Lineker

1992/93 SEASON
2nd Round (1st leg)
Sep 21 vs Brentford (h) 3-1
Att: 19,365 Sheringham, Watson, Durie
2nd Round (2nd leg)
Oct 7 vs Brentford (a) 4-2 (aggregate 7-3)
Att: 11,445 Sheringham 2 (1 pen), Turner, Anderton
3rd Round
Oct 28 vs Manchester City (a) 1-0
Att: 18,399 Samways
4th Round
Dec 2 vs Nottingham Forest (a) 0-2
Att: 22,812

1993/94 SEASON
2nd Round (1st leg)
Sep 22 vs Burnley (a) 0-0
Att: 16,844
2nd Round (2nd leg)
Oct 6 vs Burnley (h) 3-1 (aggregate 3-1)
Att: 20,614 Sheringham 2, Howells
3rd Round
Oct 27 vs Derby County (h) 1-0
Att: 19,855 Barmby
4th Round
Dec 1 vs Blackburn Rovers (h) 1-0
Att: 22,295 Campbell
5th Round
Jan 12 vs Aston Villa (h) 1-2
Att: 31,408 Caskey

1994/95 SEASON
2nd Round (1st leg)
Sep 21 vs Watford (a) 6-3
Att: 13,659 Anderton, Klinsmann 3, Sheringham, Dumitrescu
2nd Round (2nd leg)
Oct 4 vs Watford (h) 2-3 (aggregate 8-6)
Att: 17,798 Barmby, Klinsmann
3rd Round
Oct 26 vs Notts County (a) 0-3
Att: 16,952

1995/96 SEASON
2nd Round (1st leg)
Sep 20 vs Chester City (h) 4-0
Att: 17,645 Armstrong 2, Sheringham, Rosenthal
2nd Round (2nd leg)
Oct 4 vs Chester City (a) 3-1 (aggregate 7-1)
Att: 5,372 Sheringham 2, Howells
3rd Round
Oct 25 vs Coventry City (a) 2-3
Att: 18,227 Armstrong, Busst (og)

1996/97 SEASON
2nd Round (1st leg)
Sep 17 vs Preston North End (a) 1-1
Att: 16,258 Anderton
2nd Round (2nd leg)
Sep 25 vs Preston Nth. End (h) 3-0 (agg. 4-1)
Att: 20,080 Anderton, Allen 2
3rd Round
Oct 23 vs Sunderland (h) 2-1
Att: 24,867 Armstrong, Campbell
4th Round
Nov 27 vs Bolton Wanderers (a) 1-6
Att: 18,621 Sheringham

UEFA CUP

1972/73 SEASON
1st Round (1st leg)
Sep 13 vs Lyn Oslo (a) 6-3
Att: 10,777 Peters, Pratt, Gilzean, Chivers 2
1st Round (2nd leg)
Sep 27 vs Lyn Oslo (h) 6-0 (aggregate 12-3)
Att: 21,088 Chivers 3, Coates 2, Pearce
2nd Round (1st leg)
Oct 25 vs Olympiakos (h) 4-0
Att: 27,860 Pearce 2, Chivers, Coates
2nd Round (2nd leg)
Nov 7 vs Olympiakos (a) 0-1 (aggregate 4-1)
Att: 40,000
3rd Round (1st leg)
Nov 29 vs Red Star Belgrade (h) 2-0
Att: 23,958 Chivers, Gilzean
3rd Round (2nd leg)
Dec 13 vs Red St. Belgrade (a) 0-1 (agg. 2-1)
Att: 75,000
Quarter-Final (1st leg)
Mar 7 vs Vitoria Setubal (h) 1-0
Att: 30,469 Evans
Quarter-Final (2nd leg)
Mar 21 vs Vitoria Setubal (a) 1-2 (agg. 2-2)
Att: 30,000 Chivers
Tottenham won on the away goals rule
Semi-Final (1st leg)
Apr 10 vs Liverpool (a) 0-1
Att: 42,174
Semi-Final (2nd leg)
Apr 25 vs Liverpool (h) 2-1 (aggregate 2-2)
Att: 46,919 Peters 2
Liverpool won on the away goals rule

1973/74 SEASON
1st Round (1st leg)
Sep 19 vs Grasshoppers Zurich (a) 5-1
Att: 11,000 Chivers 2, Evans, Gilzean 2
1st Round (2nd leg)
Oct 3 vs G'hoppers Zurich (h) 4-1 (agg. 9-2)
Att: 18,105 Peters, England, Lador (og)
2nd Round (1st leg)
Oct 24 vs Aberdeen (a) 1-1
Att: 30,000 Coates
2nd Round (2nd leg)
Nov 7 vs Aberdeen (h) 4-1 (aggregate 5-2)
Att: 21,785 Peters, Neighbour, McGrath 2

3rd Round (1st leg)
Nov 28 vs Dynamo Tbilisi (a) 1-1
Att: 42,000 Coates
3rd Round (2nd leg)
Dec 12 vs Dynamo Tbilisi (h) 5-1 (agg. 6-2)
Att: 18,602 McGrath, Chivers 2, Peters 2
Quarter-Final (1st leg)
Mar 6 vs Cologne (a) 2-1
Att: 28,000 McGrath, Peters
Quarter-Final (2nd leg)
Mar 20 vs Cologne (h) 3-0 (aggregate 5-1)
Att: 40,968 Chivers, Coates, Peters
Semi-Final (1st leg)
Apr 10 vs Lokomotive Leipzig (a) 2-1
Att: 74,000 Peters, McGrath
Semi-Final (2nd leg)
Apr 24 vs Loko. Leipzig (h) 2-0 (agg. 4-1)
Att: 41,280 McGrath, Chivers
FINAL (1st leg)
May 21 vs Feyenoord (h) 2-2
Att: 46,281 England, Van Daele (og)
FINAL (2nd leg)
May 29 vs Feyenoord (a) 0-2 (agg. 2-4)
Att: 68,000

1983/84 SEASON
1st Round (1st leg)
Sep 14 vs Drogheda (a) 6-0
Att: 7,000 Falco 2, Crooks, Galvin, Mabbutt 2
1st Round (2nd leg)
Sep 28 vs Drogheda (h) 8-0 (agg. 14-0)
Att: 19,891 Falco 2, Roberts 2, Brazil 2, Archibald, Hughton
2nd Round (1st leg)
Oct 19 vs Feyenoord (h) 4-2
Att: 35,404 Archibald 2, Galvin 2
2nd Round (2nd leg)
Nov 2 vs Feyenoord (a) 2-0 (aggregate 6-2)
Att: 45,061 Hughton, Galvin
3rd Round (1st leg)
Nov 23 vs Bayern Munich (a) 0-1
Att: 20,000
3rd Round (2nd leg)
Dec 7 vs Bayern Munich (h) 2-0 (agg. 2-1)
Att: 41,977 Archibald, Falco
Quarter-Final (1st leg)
Mar 7 vs Austria Vienna (h) 2-0
Att: 34,069 Archibald, Brazil
Quarter-Final (2nd leg)
Mar 21 vs Austria Vienna (a) 2-2 (agg. 4-2)
Att: 31,000 Brazil, Ardiles
Semi-Final (1st leg)
Apr 11 vs Hajduk Split (a) 1-2
Att: 40,000 Falco
Semi-Final (2nd leg)
Apr 25 vs Hajduk Split (h) 1-0 (agg. 2-2)
Att: 43,969 Hazard
Tottenham won on the away goals rule
FINAL (1st leg)
May 9 vs Anderlecht (a) 1-1
Att: 40,000 Miller
FINAL (2nd leg)
May 23 vs Anderlecht (h) 1-1 (aet)(agg. 2-2)
Att: 46,205 Roberts
Tottenham won 4-3 on penalties

1984/85 SEASON
1st Round (1st leg)
Sep 19 vs Sporting Braga (a) 3-0
Att: 26,000 Falco 2, Galvin

1st Round (2nd leg)
Oct 3 vs Sporting Braga (h) 6-0 (agg. 9-0)
Att: 22,478 Stevens, Hughton, Crooks 3, Falco
2nd Round (1st leg)
Oct 24 vs FC Brugge (a) 1-2
Att: 27,000 Allen
2nd Round (2nd leg)
Nov 7 vs FC Brugge (h) 3-0 (aggregate 4-2)
Att: 34,356 Hazard, Allen, Roberts
3rd Round (1st leg)
Nov 28 vs Bohemians Prague (h) 2-0
Att: 27,951 Ondra (og), Stevens
3rd Round (2nd leg)
Dec 12 vs Bohem. Prague (a) 1-1 (agg. 3-1)
Att: 17,500 Falco
Quarter-Final (1st leg)
Mar 6 vs Real Madrid (h) 0-1
Att: 39,914
Quarter-Final (2nd leg)
Mar 20 vs Real Madrid (a) 0-0 (agg. 0-1)
Att: 95,000

CUP-WINNERS' CUP
1981/82 SEASON
1st Round (1st leg)
Sep 16 vs Ajax (a) 3-1
Att: 27,500 Falco 2, Villa
1st Round (2nd leg)
Sep 29 vs Ajax (h) 3-0 (aggregate 6-1)
Att: 34,606 Galvin, Falco, Ardiles
2nd Round (1st leg)
Oct 21 vs Dundalk (a) 1-1
Att: 17,000 Crooks
2nd Round (2nd leg)
Nov 4 vs Dundalk (h) 1-0 (aggregate 2-1)
Att: 33,455 Crooks
Quarter-Final (1st leg)
Mar 3 vs Eintracht Frankfurt (h) 2-0
Att: 38,172 Miller, Hazard
Quarter-Final (2nd leg)
Mar 17 vs Eintr. Frankfurt (a) 1-2 (agg. 3-2)
Att: 41,000 Hoddle
Semi-Final (1st leg)
Apr 7 vs Barcelona (h) 1-1
Att: 41,555 Roberts
Semi-Final (2nd leg)
Apr 21 vs Barcelona (a) 0-1 (aggregate 1-2)
Att: 80,000

1982/83 SEASON
1st Round (1st leg)
Sep 15 vs Coleraine (a) 3-0
Att: 12,000 Archibald, Crooks 2
1st Round (2nd leg)
Sep 28 vs Coleraine (h) 4-0 (aggregate 7-0)
Att: 20,925 Crooks, Mabbutt, Brooke, Gibson
2nd Round (1st leg)
Oct 20 vs Bayern Munich (h) 1-1
Att: 36,488 Archibald
2nd Round (2nd leg)
Nov 3 vs Bayern Munich (a) 1-4 (agg. 2-5)
Att: 50,000 Hughton

1991/92 SEASON
Preliminary Round (1st leg)
Aug 21 vs Sparkasse Stockerau (a) 1-0
Att: 15,500 Durie
Preliminary Round (2nd leg)
Sep 4 vs Spark. Stockerau (h) 1-0 (agg. 2-0)
Att: 28,072 Mabbutt

1st Round (1st leg)
Sep 17 vs Hajduk Split (a) 0-1
Att: 7,000
1st Round (2nd leg)
Oct 2 vs Hajduk Split (h) 2-0 (aggreg. 2-1)
Att: 24,297 Tuttle, Durie
2nd Round (1st leg)
Oct 23 vs FC Porto (h) 3-1
Att: 23,621 Lineker 2, Durie
2nd Round (2nd leg)
Nov 7 vs FC Porto (a) 0-0 (aggregate 3-1)
Att: 55,000
Quarter-Final (1st leg)
Mar 4 vs Feyenoord (a) 0-1
Att: 48,000
Quarter-Final (2nd leg)
Mar 18 vs Feyenoord (h) 0-0 (aggregate 0-1)
Att: 29,834

17

1972-73

#	Month	Date	H/A	Opponent	Result	Score	Scorers	Attendance
1	Aug	12	(h)	Coventry C	W	2-1	Peters 2	33,884
2		16	(a)	West Brom A	W	1-0	Peters	19,175
3		19	(a)	Wolverhampton W	L	2-3	Pratt, Peters	24,237
4		23	(h)	Birmingham C	W	2-0	Chivers, Coates	30,798
5		26	(h)	Leeds U	D	0-0		41,191
6		30	(a)	Newcastle U	W	1-0	Kinnear	27,912
7	Sep	2	(a)	Ipswich T	D	1-1	Peters (pen)	23,140
8		9	(h)	Crystal Palace	W	2-1	England, Peters (pen)	28,545
9		16	(a)	Manchester C	L	1-2	Peters	31,755
10		23	(h)	West Ham U	W	1-0	Lampard (og)	51,291
11		30	(a)	Derby Co	L	1-2	Perryman	32,133
12	Oct	7	(h)	Stoke C	W	4-3	Pratt 2, Gilzean, Coates	31,951
13		14	(a)	Norwich C	L	1-2	Chivers	34,445
14		21	(h)	Chelsea	L	0-1		47,429
15		28	(a)	Manchester U	W	4-1	Peters 4	52,497
16	Nov	4	(a)	Birmingham C	D	0-0		38,504
17		11	(h)	West Brom A	D	1-1	Chivers	25,875
18		18	(a)	Leicester C	W	1-0	Chivers	22,707
19		25	(h)	Liverpool	L	1-2	Chivers	45,497
20	Dec	2	(a)	Southampton	D	1-1	Chivers	16,486
21		9	(h)	Arsenal	L	1-2	Peters	47,515
22		16	(a)	Everton	L	1-3	Neighbour	31,129
23		23	(h)	Sheffield U	W	2-0	Perryman, Chivers	19,877
24		26	(a)	West Ham U	D	2-2	Peters, Pearce	37,397
25	Jan	6	(a)	Leeds U	L	1-2	Gilzean	32,404
26		20	(h)	Ipswich T	L	0-1		33,014
27		27	(a)	Crystal Palace	W	0-0		44,536
28	Feb	10	(h)	Manchester C	L	2-3	Chivers 2	30,944
29		17	(a)	Coventry C	W	1-0	Pratt	26,854
30		24	(h)	Everton	W	3-0	Gilzean, Chivers, Pearce	27,427
31	Mar	10	(h)	Norwich C	W	3-0	Chivers 2 (1 pen), Pearce	25,088
32		14	(a)	Stoke C	D	1-1	Pearce	23,351
33		24	(h)	Manchester U	D	1-1	Chivers	50,017
34		31	(a)	Liverpool	D	1-1	Gilzean	48,477
35	Apr	3	(a)	Chelsea	W	1-0	Pratt	25,536
36		7	(h)	Southampton	L	1-2	Peters	23,693
37		14	(a)	Arsenal	D	1-1	Chivers	50,863
38		18	(h)	Derby Co	W	1-0	McFarland (og)	22,659
39		21	(h)	Leicester C	D	1-1	Gilzean	23,312
40		28	(h)	Newcastle U	W	3-2	Chivers 2 (1 pen), Peters	21,721
41		30	(h)	Wolverhampton W	D	2-2	Coates, Collins	16,942
42	May	2	(a)	Sheffield U	L	2-3	Collins, Chivers (pen)	20,716

FINAL LEAGUE POSITION: 8th in Division One

Appearances

Sub. Appearances

Goals

Jennings	Kinnear	Knowles	Pratt	England	Beal	Gilzean	Perryman	Chivers	Peters	Coates	Naylor	Evans	Pearce	Dillon	Neighbour	Daines	Collins	Clarke	
1	2	3	4	5	6	7	8	9	10	11									1
1	2	3	4	5	6	7	8	9	10	11									2
1	2	3	4	5	6	7	8	9	10	11									3
1	2*	3	4	5	6	7	8	9	10	11	12								4
1		3	4	5	6	7	8	9	10	11*		2	12						5
1	2	3	4	5	6	7*	8	9	10		12		11						6
1	2	3	4	5	6	7	8	9	10				11						7
1	2*	3	4	5		7	8	9	10	11	6		12						8
1		3	4	5	6	7	8			10	11	2	9						9
1		3	4	5	6	7	8	9	10*	12		2	11						10
1	2	3	4	5	6	7*	8	9		11	10		12						11
1	2	3	4	5	6	7	8	9	10	11									12
1	2	3		5	6	7	8	9	10*	11	4		12						13
1	2	3	4*	5	6	7	8	9	10	11		12							14
1		3	4	5			8	9	10	11*		2	7	6	12				15
1		3	12	5		7	8	9	10	11*	6	2	4						16
		3	4	5		7	8	9	10		6	2	11		1				17
1		3	4	5		7	8	9	10		6	2	11						18
1		3	4	5		7	8	9	10		6	2	11						19
1		3	4	5		7	8	9	10		6	2	11						20
1		3	4	5			8	9	10	12	6	2	11	7*					21
1	3		4			7	8		10	6		2	11	5	9				22
1		3	4	5		7	8	9	10	11	6	2							23
1		3	4				8	9	10	7	6	2	11	5					24
1		3	4	5		7	8	9	10		6	2	11						25
1		3	4	5		7		9	10	11	6	2	8						26
1		3	4	5		7	8	9	10	11	6*	2	12						27
1	2	3	4*	5	6	7	8	9	10	12			11						28
1	2	3	4	5	6	7	8	9	10				11						29
1	2	3	4	5	6	7	8	9	10				11						30
1	2	3			6		8	9	10	4		11		7		5			31
1	2	3			6		8	9	10	4		11		7		5			32
1	2	3			6	7	8	9	10	4		11	5						33
1	2	3	11		6	7*	8	9	10	4		5	12						34
1	2		7		6		8	9	10	4		3	11		5				35
	2*	3	11	5	6		7	8	9	10	4			12	1				36
1	2	3	11	5	6		7	8	9	10	4*		12						37
1	2		11	5	6		7			10	4		3	9					38
1	2		4		7*		8		10			3	9	6	11		5	12	39
1			2			7	8	9	10	4		3	11	6			5		40
1			2			7	8	9	10	4		3	11	6			5		41
1			3				8	9	10	4		2	11	6	7		5		42
40	24	35	37	31	24	35	41	38	41	29	14	23	27	8	6	2	7		
		1						3	2	1	8		1			1			
	1		5	1		5	2	17	15	3			4		1		2		

19

1973-74

#	Month	Date	H/A	Opponent	Result	Score	Scorers	Attendance
1	Aug	25	(a)	Coventry C	L	0-1		25,092
2		28	(a)	Birmingham C	W	2-1	Peters 2	37,754
3	Sep	1	(h)	Leeds U	L	0-3		42,091
4		5	(h)	Burnley	L	2-3	Knowles, Chivers	25,543
5		8	(a)	West Ham U	W	1-0	Chivers	30,888
6		11	(a)	Burnley	D	2-2	Holder, Peters	25,158
7		15	(h)	Sheffield U	L	1-2	Chivers	26,350
8		22	(a)	Liverpool	L	2-3	Chivers, Peters	42,901
9		29	(h)	Derby Co	W	1-0	Coates	31,408
10	Oct	6	(a)	Ipswich T	D	0-0		23,903
11		13	(h)	Arsenal	W	2-0	Gilzean, Chivers	41,856
12		20	(a)	Norwich C	D	1-1	Gilzean	24,819
13		27	(h)	Newcastle U	L	0-2		31,254
14	Nov	3	(a)	Everton	D	1-1	Perryman	37,827
15		10	(h)	Manchester U	W	2-1	Knowles, Chivers	42,756
16		17	(a)	Southampton	D	1-1	Chivers	22,882
17		24	(h)	Wolverhampton W	L	1-3	Chivers (pen)	22,541
18	Dec	1	(a)	Leicester C	L	0-3		22,088
19		8	(h)	Stoke C	W	2-1	Evans, Pratt	14,034
20		15	(h)	Manchester C	L	0-2		17,066
21		22	(a)	Derby Co	L	0-2		23,672
22		26	(h)	Queen's Park R	D	0-0		30,762
23		29	(h)	West Ham U	W	2-0	Pratt, Chivers	33,176
24	Jan	1	(a)	Leeds U	D	1-1	McGrath	46,545
25		12	(a)	Sheffield U	D	2-2	McGrath, Coates	20,367
26		19	(h)	Coventry C	W	2-1	Peters 2	20,985
27	Feb	2	(a)	Manchester C	D	0-0		24,652
28		6	(h)	Birmingham C	W	4-2	Chivers 3, Dillon	14,345
29		16	(a)	Arsenal	W	1-0	McGrath	38,892
30		23	(h)	Ipswich T	D	1-1	Pratt	26,289
31	Mar	2	(a)	Queen's Park R	L	1-3	Chivers (pen)	25,775
32		16	(h)	Norwich C	D	0-0		18,476
33		23	(a)	Manchester U	W	1-0	Coates	36,278
34		30	(h)	Everton	L	0-2		19,839
35	Apr	3	(h)	Chelsea	L	1-2	Evans	23,646
36		6	(a)	Wolverhampton W	D	1-1	McGrath	24,073
37		13	(h)	Southampton	W	3-1	Pratt, Chivers 2	21,456
38		15	(a)	Chelsea	D	0-0		26,258
39		20	(a)	Stoke C	L	0-1		20,189
40		27	(h)	Leicester C	W	1-0	Chivers	20,110
41	May	8	(h)	Liverpool	D	1-1	McGrath	24,618
42		11	(a)	Newcastle U	W	2-0	Chivers, Gilzean	21,601

FINAL LEAGUE POSITION: 11th in Division One

Appearances

Sub. Appearances

Goals

Jennings	Evans	Knowles	Coates	Dillon	Beal	Gilzean	Perryman	Chivers	Peters	Neighbour	Holder	Pratt	Kinnear	England	Daines	McGrath	Naylor	McNab	Lee	Osgood	
1	2	3	4	5	6	7	8	9	10	11*	12										1
1	2	3	11	5	6	4	8	9	10	7											2
1	2	3	4	5	6	7	8	9	10	11											3
1	2	3	11	5	6	7	8	9	10		4										4
1	2	3	4	5	6	7*	8	9	10	11		12									5
1	2	3	4	5	6		8	9	10	11*	7	12									6
1	2	3	4	5	6	7	8	9	10	11											7
1	2	3		6	7*	8	9	10		11	4	12	5								8
	2	3	11	6	7	8	9	10			4		5	1							9
	2	3	11	6	7	8	9	10			4		5	1							10
	2	3		6	7	8	9	10			4		5	1	11						11
	2	3	11		7*	8	9	10			4		5	1	12	6					12
	2	3	11	6	7	8		10	12		4		5	1	9*						13
1	2	3	11	6	7	8		10			4		5		9						14
1	2	3		6	12	8	9*	10			4		5		11	7					15
1	2	3	11	6		8	9	10			4		5		7						16
1	2	3	11	6	7	8	9	10			4*		5		12						17
1	2	3	11	6		8	9	10			4		5			7					18
1	2	3*	11	6		8	9		10		4		5		7	12					19
1	2		11	6	12	8	9	10			4*		5		7	3					20
1	2		11	6	7	8	9	10			4		5			3					21
1	2		11	6	7	8	12	10			4		5		9*	3					22
1	2		11*	6	7	8	9	10			4		5		12	3					23
1	2			7	6	8	9	10	12		4		5		11	3*					24
1	2		11*	12	6	8	9	10			4		5		7	3					25
1	2		11	6		8	9	10	12		4*		5		7	3					26
1	2		11	6		8	9	10			4		5		7	3					27
1	2		11	12	6	8	9	10*			4		5		7	3					28
1	2		11	6	10	8	9				4		5		7	3					29
1	2		11	6		8	9	10			4		5		7	3					30
1	2		11*	5	6	12	8	9	10		4				7	3					31
1	2		11	12	6	8	9	10			4		5		7*	3					32
1	2		11	6		8	9	10			4		5		7	3					33
1	2		11	6	12	8	9	10			4		5*		7	3					34
1	2		11	5	6	10		9			4	8			7	3*	12				35
1	2		8		6			9	10	11*	4	12	5		7	3					36
1	2				6	11	8	9			7	10	4		5		3				37
1	2			11	6		8	9			7	10	4		5		3				38
1			7	10	6		8	9			11	12	4*	2	5		3				39
1			11		6		8	9	10		4		2		5	7	3				40
1	2		11		6		8	9	10				5		7	3					41
	2	8	7	3	6*	11		9				4	5			10		1	12		42
36	40	20	36	13	41	21	39	39	35	11	5	35	3	33	5	22	27	1			
				3		4		1		3	2		4		3	1	1		1		
	2	2	3	1		3	1	17	6		1	4			5						

21

1974-75

#	Month	Date	H/A	Opponent	Result	Score	Scorers	Attendance
1	Aug	17	(h)	Ipswich T	L	0-1		26,444
2		21	(a)	Manchester C	L	0-1		31,549
3		24	(a)	Carlisle U	L	0-1		18,426
4		28	(h)	Manchester C	L	1-2	Peters	20,079
5		31	(h)	Derby Co	W	2-0	Neighbour 2	20,676
6	Sep	7	(a)	Liverpool	L	2-5	Perryman, Chivers	47,538
7		14	(h)	West Ham U	W	2-1	England, Chivers	27,959
8		21	(a)	Wolverhampton W	W	3-2	Chivers 2, Peters	20,647
9		28	(h)	Middlesbrough	L	1-2	Neighbour	23,282
10	Oct	5	(h)	Burnley	L	2-3	Pratt, England	18,441
11		12	(a)	Chelsea	L	0-1		32,660
12		16	(h)	Carlisle U	D	1-1	Chivers	12,813
13		19	(h)	Arsenal	W	2-0	Perryman, Chivers	36,294
14		26	(a)	Luton T	D	1-1	Chivers	22,420
15	Nov	2	(a)	Stoke C	D	2-2	Duncan 2	24,667
16		9	(h)	Everton	D	1-1	Chivers	29,052
17		16	(a)	Leicester C	W	2-1	Coates, Peters	23,244
18		23	(h)	Birmingham C	D	0-0		27,761
19		30	(a)	Sheffield U	W	1-0	Duncan	20,289
20	Dec	4	(a)	Leeds U	L	1-2	Duncan	25,832
21		7	(h)	Newcastle U	W	3-0	Knowles 2, Chivers	23,422
22		14	(a)	Ipswich T	L	0-4		20,812
23		21	(h)	Queen's Park R	L	1-2	Duncan	21,150
24		26	(a)	West Ham U	D	1-1	Peters	37,682
25		28	(h)	Coventry C	D	1-1	Smith (og)	20,307
26	Jan	11	(a)	Newcastle U	W	5-2	Knowles, Conn 3, Duncan	39,679
27		18	(a)	Sheffield U	L	1-3	Duncan	15,812
28	Feb	1	(a)	Everton	L	0-1		40,912
29		8	(h)	Stoke C	L	0-2		22,941
30		15	(a)	Coventry C	D	1-1	Duncan	15,227
31		18	(a)	Birmingham C	L	0-1		24,240
32		22	(h)	Leicester C	L	0-3		20,937
33	Mar	1	(a)	Derby Co	L	1-3	Jones	22,995
34		15	(a)	Middlesbrough	L	0-3		25,637
35		22	(h)	Liverpool	L	0-2		34,331
36		28	(h)	Wolverhampton W	W	3-0	Perryman 2, Duncan	27,238
37		29	(a)	Queen's Park R	W	1-0	Duncan	25,461
38	Apr	5	(h)	Luton T	W	2-1	Conn, Duncan	25,796
39		12	(a)	Burnley	L	2-3	Perryman, Duncan	17,865
40		19	(h)	Chelsea	W	2-0	Conn, Perryman	50,998
41		26	(a)	Arsenal	L	0-1		43,762
42		28	(h)	Leeds U	W	4-2	Knowles 2 (1 pen), Conn, Chivers	49,886

FINAL LEAGUE POSITION: 19th in Division One

Appearances

Sub. Appearances

Goals

Jennings	Evans	Naylor	England	Osgood	Coates	McGrath	Perryman	Jones	Peters	Neighbour	Beal	Pratt	Chivers	Knowles	Duncan	McNab	Conn	Kinnear	Daines	McAllister	
1	2	3	4	5	6	7	8	9	10	11											1
1	2	3		5	4	7	8	9	10	11	6										2
1	2	3	5		6	12	8	9*	10	11	4	7									3
1	2	3	5		4	7	8		10	11	6		9								4
1	2	3	5		11		8		10	7	6	4	9								5
1	2	3	5*		11	12	8		10	7	6	4	9								6
1	2		5		11		8		10	7	6	4	9	3							7
1	2	12	5		11		8		10*	7	6	4	9	3							8
1	2		5		11		8		10	7	6	4	9	3							9
1	2		5		11	10	8			7	6	4	9	3							10
1	2	11	5			8	10			7	6	4	9	3							11
1	2	6	5		11		8	10		7		4	9	3							12
1	2	6	5		12	8*	11	10	7			4	9	3							13
1	2	6	5		12		8	10	7*			4	9	3	11						14
1	2	6	5		7		8		10	3	4	9			11						15
1	2	6	5		7		8		10	12	3*	4	9		11						16
1	2	6	5		7		8		10		3	4	9		11						17
1	2	6	5		7	12	8		10		3	4*	9		11						18
1	2	6	5		7		8		10			4	9	3	11						19
1	2	6	5		7		8		10			4	9	3	11						20
1		6	5		7		8		10		2		9*	3	11	4	12				21
1		6	5		7	9	8		10		2	12		3	11	4*					22
1		6	5		7		8		10	12	2*	4	9	3	11						23
1		6	5		7		8		10			4	9	3	11		2				24
1		6	5		7		8		10	12		4	9*	3	11		2				25
1	12	6	5				8		10	7*	4			3	11	9	2				26
1		6	5				8		10	7	4			3	11	9	2				27
1		6	5				8		10		4	3	9		11	7	2				28
1		6	5	12			8		10*		4	2	9	3	11	7		1			29
1		6	5		8		10					9	3	11	7	2	4				30
1		6	5		12	8		10				9	3	11	7	2	4				31
1		6	5				8		10	12		9	3	11	7	2	4				32
1		6			10		8	9			5	3	11	7	2	4					33
1		6			10		8	9			5	3	11	7	2	4					34
1		6		5	10	12	8	9				3*	11	7	2		4				35
1		6		5			8	9		11	4		3	10	7	2					36
1		6		5			8	9		11	4	7		3		2*	12				37
1				5			8	9		11*	4	6	12	3	10	7	2				38
1		6		5	10		8	9			4			3	11	7		2			39
1		6		5			8	9		11	4			3	10	7	2				40
1		6		5			8	9		11*	4	12		3	10	7	2				41
1		6		5			8	10			4	11	9	3		7	2				42
41	20	37	31	10	26	5	42	16	29	21	28	27	27	31	28	2	16	17	1	7	
	1	1		4	4				4		2	1			1			1			
		2		1		6	1	4	3		1	10	5	12		6					

23

1975-76

#	Month	Date	H/A	Opponent	Result	Score	Scorers	Attendance
1	Aug	16	(h)	Middlesbrough	W	1-0	Perryman	25,502
2		20	(h)	Ipswich T	D	1-1	Duncan	28,351
3		23	(a)	Liverpool	L	2-3	Jones, Duncan	42,729
4		25	(a)	West Ham U	L	0-1		36,567
5		30	(h)	Norwich C	D	2-2	Pratt, Duncan	23,140
6	Sep	6	(a)	Manchester U	L	2-3	Chivers, Jones	51,641
7		13	(h)	Derby Co	L	2-3	Chivers, Duncan	28,455
8		20	(a)	Leeds	D	1-1	Pratt	27,372
9		27	(h)	Arsenal	D	0-0		37,064
10	Oct	4	(a)	Newcastle U	D	2-2	Pratt, Duncan	33,290
11		11	(a)	Aston Villa	D	1-1	Pratt	40,048
12		18	(h)	Manchester C	D	2-2	Jones 2	30,554
13		25	(a)	Leicester C	W	3-2	Coates, Perryman, Chivers	22,088
14	Nov	1	(h)	Wolverhampton W	W	2-1	Young, Neighbour	26,102
15		8	(a)	Queen's Park R	D	0-0		28,434
16		15	(h)	Stoke C	D	1-1	Jones	25,698
17		22	(h)	Manchester C	L	1-2	Osgood	31,457
18		29	(h)	Burnley	W	2-1	Duncan 2	21,222
19	Dec	6	(a)	Sheffield U	W	2-1	Duncan 2	22,949
20		10	(h)	Everton	D	2-2	Pratt, Duncan	18,638
21		13	(h)	Liverpool	L	0-4		29,891
22		20	(a)	Middlesbrough	L	0-1		22,046
23		26	(h)	Birmingham C	L	1-3	Chivers (pen)	21,651
24		27	(a)	Coventry C	D	2-2	Duncan 2	21,125
25	Jan	10	(a)	Derby Co	W	3-2	McAllister, Perryman, Neighbour	28,085
26		17	(h)	Manchester U	D	1-1	Duncan	49,185
27		31	(a)	Ipswich T	W	2-1	Osgood (pen), Coates	24,049
28	Feb	7	(h)	West Ham U	D	1-1	Duncan	32,832
29		14	(h)	Queen's Park R	L	0-3		28,190
30		21	(h)	Stoke C	W	2-1	Hoddle, Duncan	17,110
31		24	(a)	Everton	L	0-1		18,126
32		28	(h)	Leicester C	D	1-1	Chivers	21,427
33	Mar	6	(a)	Norwich C	L	1-3	Chivers	20,460
34		13	(h)	Aston Villa	W	5-2	McAllister, Perryman, Duncan, Robinson, Nicholl (og)	24,169
35		16	(a)	Wolverhampton W	W	1-0	Pratt	21,544
36		20	(a)	Burnley	W	2-1	Pratt, Duncan	15,490
37		27	(h)	Sheffield U	W	5-0	Young, Perryman 2, Chivers, Duncan	21,370
38	Apr	3	(a)	Arsenal	W	2-0	Pratt, Duncan	42,031
39		10	(h)	Leeds U	D	0-0		40,365
40		17	(a)	Birmingham C	L	1-3	Pratt	30,616
41		19	(h)	Coventry C	W	4-1	Pratt, Osgood, Duncan, Neighbour	21,107
42		24	(h)	Newcastle U	L	0-3		29,649

FINAL LEAGUE POSITION: 9th in Division One

Appearances

Sub. Appearances

Goals

Jennings	Kinnear	Naylor	Pratt	Osgood	McAlister	McNab	Perryman	Chivers	Jones	Neighbour	Knowles	Duncan	Conn	Smith	Hoddle	Young	Coates	McGrath	Walford	Stead	Robinson	Brotherston	Daines	
1	2	3	4	5	6	7	8	9	10	11														1
1	2*	4	5	6	7	8	9	10	11	3	12													2
1		2	4	5	6		8	9	10		3	11	7											3
1		2	4	5	6	12	8	9	10		3	11*	7											4
1		8	4	5	6	7			10	9	3*	11		2	12									5
1	3	4	5	6	7	8	12	10	9			11		2*										6
1	3	2	5	6	7	8	4		10	11		9												7
1		2	4	6		7	8		10	11	3	9			5									8
1		2	4	6		7	8	12	10	11	3	9*			5									9
1		2	4	6		7	8		10	11	3*	9			5	12								10
1		2	4	6	3		8	10	12	11		9*	7		5									11
1			4	6	2		8	9	10	11	3		7		5									12
1			4	6	2		8	9	10	11		7			5	3								13
1		2		6	3	12	8	9	10	11			7*		5	4								14
1		2	4	6	3		8	9*	10	11		12			5	7								15
1		2	4	6	3*		8		10			9	11		5	7	12							16
1		2	4	6	3		8		10	11		9*	12		5	7								17
1		2	4	6		12	8		10	11*	3	9			5	7								18
1		2	4	6	3	8			10	11		9			5	7								19
1		2	4	6		12	8		10	11	3	9			5	7*								20
1		2	4	6	3	7	8		10*	11		9			5		12							21
1		2	4	6	3		8	9		11		10			5	7								22
1		2	4	6	3	11	8	9	12			10			5	7*								23
1		2	4	6	3		8	9	12	11		10			5	7*								24
1		2	4	6	3		8	9		11		10			5	7								25
1		2	4	6	3		8	9		11		10			5	7								26
1			4	6	3		8		10	11		9			5	7	2							27
1		2	4	6	3		8	12	10	11*		9			5	7								28
1		2	4	6	3		8	12	10	11		9			5	7*								29
1			4	6	3		8	10	12	11		9*	7	5			2							30
1			4	6	3		8	10		11		9	7	5			2							31
1	2	4*	6				8	9		11			7	5	12		3	10						32
1	2*		4	6	3		8	9	12			10			5	7								33
1	2		6	3			8	9				10		4	5	7				12	11*			34
1		2	4	6	3		8	9				10	11	5	7									35
1		2	4	6	3		8	9				10	11	5	7				1					36
1		2	4	6	3		8	9	12	11		10			5	7*			1					37
1		2	4	6	3		8	9	7	11		10			5									38
1		2	4	6	3		8	9	7*	11		10			5	12								39
1		2	4	6	3		8	9	12	11*		10			5	7								40
1		2	4	6	3		8	9*	12	11		10			5	7								41
1		2	4	6			8	9*	12	11		10			5	7		3						42
40	1	36	41	42	35	11	40	28	25	35	10	35	7	2	6	35	21	3	1	4	1	1	2	
						4		4	9			2	1		1		3	1	1	1				
		10	3	2		6	7	5	3			20			1	2	2		4					

25

1976-77

#	Month	Date	H/A	Opponent	Result	Score	Scorers	Attendance
1	Aug	21	(a)	Ipswich T	L	1-3	Jones	28,490
2		25	(h)	Newcastle U	L	0-2		24,022
3		28	(h)	Middlesbrough	D	0-0		21,721
4	Sep	4	(a)	Manchester U	W	3-2	Coates, Pratt, Moores	60,723
5		11	(h)	Leeds U	W	1-0	Jones	34,725
6		18	(a)	Liverpool	L	0-2		47,421
7		25	(h)	Norwich C	D	1-1	Hoddle	22,440
8	Oct	2	(a)	West Brom A	L	2-4	Jones, Taylor	23,461
9		16	(a)	Derby Co	L	2-8	Osgood (pen), Perryman	24,216
10		20	(h)	Birmingham C	W	1-0	Osgood (pen)	20,193
11		23	(h)	Coventry C	L	0-1		21,877
12		30	(h)	Everton	D	3-3	McAllister, Osgood (pen), Pratt	26,047
13	Nov	6	(a)	West Ham U	L	3-5	Hoddle, Osgood (pen), Duncan	28,997
14		13	(h)	Bristol C	L	0-1		28,795
15		20	(a)	Sunderland	L	1-2	Moores	30,325
16		27	(h)	Stoke C	W	2-0	Osgood 2 (1 pen)	22,500
17	Dec	11	(h)	Manchester C	D	2-2	Taylor 2	24,608
18		18	(a)	Leicester C	L	1-2	Coates	16,397
19		2	(h)	Arsenal	D	2-2	Young, Duncan	47,751
20	Jan	1	(h)	West Ham U	W	2-1	Osgood (pen), Duncan	44,972
21		11	(a)	Queen's Park R	L	1-2	Duncan	24,266
22		22	(h)	Ipswich T	W	1-0	Taylor	35,126
23	Feb	5	(a)	Middlesbrough	L	0-2		21,231
24		12	(h)	Manchester U	L	1-3	Jones	16,956
25		19	(a)	Leeds U	L	1-2	Armstrong	26,858
26		26	(a)	Newcastle U	L	0-2		30,236
27	Mar	5	(a)	Norwich C	W	3-1	Pratt, Armstrong, Taylor	22,949
28		9	(h)	Liverpool	W	1-0	Coates	32,098
29		12	(h)	West Brom A	L	0-2		28,834
30		19	(a)	Birmingham C	W	2-1	Jones, Hoddle	23,398
31		23	(h)	Derby Co	D	0-0		27,359
32		26	(a)	Everton	L	0-4		32,549
33	Apr	2	(a)	Coventry C	D	1-1	Taylor	16,210
34		9	(h)	Queen's Park R	W	3-0	Jones 2, Taylor	32,680
35		11	(a)	Arsenal	L	0-1		47,432
36		12	(a)	Bristol C	L	0-1		27,568
37		16	(h)	Sunderland	D	1-1	Jones	34,155
38		20	(a)	Aston Villa	L	1-2	Armstrong	42,047
39		23	(a)	Stoke C	D	0-0		15,644
40		30	(h)	Aston Villa	W	3-1	Hoddle, Jones, Taylor	30,690
41	May	7	(a)	Manchester C	L	0-5		37,919
42		14	(h)	Leicester C	W	2-0	Pratt, Holmes	26,094

FINAL LEAGUE POSITION: 22nd in Division One

Appearances
Sub. Appearances
Goals

Daines	Naylor	McAllister	Pratt	Young	Osgood	Coates	Perryman	Armstrong	Jones	Neighbour	Conn	Hoddle	Moores	Jennings	Stead	Taylor	Keeley	McNab	Duncan	Gorman	Holmes	
1	2	3	4	5	6	7	8	9	10	11												1
1	2	3	4	5	6	7*	8	9	10	11	12											2
1	2	3		5	6	7	8	9	10	11		4										3
1	2	3	12	5	6	7*	8		10	11		4	9									4
1	2	3	12	5	6*	7	8		10	11		4	9									5
	2	3		5	6	7	8		10	11		4	9	1								6
	2		5		6		8		10	11	7	4	9	1	3							7
	2		5		6	12	8		10		7	4	9	1	3*	11						8
	2		6	5	3		8		10		7	4	9	1		11						9
		3	7*	5	6		8		10			4	9	1		11	2	12				10
		3		5	6	7	8		10			4	9*	1		11	2	12				11
	2	3	7	5	6		8				10	4		1		11		12	9*			12
1	2	3	7	5	6	12	8				10	4				11*		9				13
	2		10	5	6		8				7	4		1		11		9	3			14
	2		10	5	6		8				7	4	9	1		11			3			15
	2			5	6	10	8				7	4	9	1		11			3			16
	2			5	6	10	8				7	4	9	1		11			3			17
	2		12	5	6	10	8				7*	4	9	1		11			3			18
	2		12	5	6	10	8				7	4*		1		11		9	3			19
	2		5		6	10	8				7	4		1		11		9	3			20
	2	12	5		6	10*	8		7			4		1		11		9	3			21
	2				6		8		7			4		1		11	5	10	9	3		22
1	2				6		8		7			4				11	5	10	9	3		23
	2				6		8		7			4		1		11	5	10	9	3		24
	2		11	5	6	12	8	9	7			4*		1			10		3			25
1	2		4	5	6	10	8	9	7							11			3			26
1	2		4		6	10	7	9	8			5				11			3			27
1	2	12	4		5	10	8	9	7			6				11		3*				28
1	2		4		5	10	8*	9	7			6				11		12			3	29
1	2		4		5	10	6	9	7			8				11					3	30
1	2		4		5	10	6	9	7			8				11					3	31
1	2		4		5	10	6	9	7			8				11					3	32
1	2		4		5	10	6	9	7			8				11					3	33
1	2		4		5	10	6	9	7			8				11					3	34
1	2		4		5	10	6	9	7			8				11					3	35
1	2		4			6	9	7				8				11	12	10			3*	36
1	2		4		5	10	6	9	7			8		3		11						37
	2		4		5	10	6	12	7			8	9	1	3	11*						38
	2		4		5	10	6	11				8	9	1	3			7				39
	2		4		5	10	6	11	7			8	9*	1	3	12						40
	2		4		5	10	6	9	7			8	12	1	3	11*						41
	2		4		5		6	11				8	9	1	3	7			10			42
19	40	10	30	19	42	28	42	20	31	7	12	39	16	23	8	31	5	6	9	15	10	
			2	4			3		1			1		1			1	4				
		1	4	1	7	3	1	3	9			4	2			8		4	1			

27

1977-78

1	Aug	20	(h)	Sheffield U	W 4-2	Osgood 2 (2 pens), Duncan, Jones	27,673
2		24	(a)	Blackburn R	D 0-0		9,540
3		27	(h)	Notts Co	W 2-1	Duncan 2	25,839
4	Sep	3	(a)	Cardiff C	D 0-0		8,880
5		10	(h)	Fulham	W 1-0	Jones	31,939
6		17	(a)	Blackpool	W 2-0	Hoddle, Duncan	16,910
7		24	(h)	Luton T	W 2-0	Osgood (pen), Jones	32,814
8	Oct	1	(a)	Orient	D 1-1	Taylor	24,131
9		4	(a)	Hull C	L 0-2		10,966
10		8	(h)	Oldham A	W 5-1	Duncan 2, Robinson, Taylor 2	24,636
11		15	(a)	Charlton A	L 1-4	Taylor	30,706
12		22	(h)	Bristol R	W 9-0	Hoddle, Moores 2, Lee 4, Taylor	26,571
13		29	(a)	Stoke C	W 3-1	Pratt, Armstrong 2	21,012
14	Nov	5	(h)	Burnley	W 3-0	Hoddle, McNab, Taylor	30,634
15		12	(a)	Crystal Palace	W 2-1	Moores, Duncan	40,522
16		19	(h)	Brighton & HA	D 0-0		48,613
17		26	(a)	Bolton W	L 0-1		34,290
18	Dec	3	(h)	Southampton	D 0-0		37,873
19		10	(a)	Sunderland	W 2-1	Duncan 2	31,960
20		17	(h)	Crystal Palace	D 2-2	Hoddle 2	34,211
21		26	(a)	Millwall	W 3-1	Duncan, Lee, Taylor	14,644
22		27	(h)	Mansfield T	D 1-1	Duncan	36,288
23		31	(h)	Blackburn R	W 4-6	Hoddle, Pratt, Lee 2	30,520
24	Jan	2	(a)	Sheffield U	D 2-2	Duncan, Taylor	31,207
25		14	(a)	Notts Co	D 3-3	Pratt 2, Lee	15,709
26		21	(h)	Cardiff C	W 2-1	Duncan 2	29,104
27	Feb	4	(a)	Fulham	D 1-1	Taylor	24,763
28		11	(h)	Blackpool	D 2-2	McAllister, Pratt	28,707
29		22	(a)	Luton T	W 4-1	Hoddle 2, McAllister, Duncan	17,024
30		25	(h)	Orient	D 1-1	Lee	32,869
31	Mar	4	(a)	Oldham A	D 1-1	McNab	14,122
32		11	(h)	Charlton A	W 2-1	Hoddle (pen), Pratt	34,511
33		18	(a)	Bristol R	W 3-2	Pratt, McNab, Jones	17,708
34		22	(h)	Stoke C	W 3-1	McAllister, Lee 2	30,646
35		25	(a)	Mansfield T	D 3-3	Hoddle 2 (1 pen), Jones	12,144
36		27	(h)	Millwall	D 3-3	Hoddle, Jones 2	33,074
37	Apr	1	(a)	Burnley	L 1-2	Taylor	16,916
38		8	(h)	Bolton W	W 1-0	McAllister	50,097
39		15	(a)	Brighton & HA	L 1-3	Jones	32,647
40		22	(a)	Sunderland	L 2-3	Duncan, Taylor	38,220
41		26	(h)	Hull C	W 1-0	Perryman	36,913
42		29	(a)	Southampton	D 0-0		28,846

FINAL LEAGUE POSITION: 3rd in Division Two   Appearances

Sub. Appearances

Goals

Daines	Naylor	Holmes	Hoddle	Osgood	Perryman	Pratt	McNab	Duncan	Jones	Taylor	Coates	Armstrong	Robinson	McAllister	Moores	Stead	Lee	
1	2	3	4	5	6	7	8	9	10	11								1
1	2	3		5	6	7	8	9	10	11	4							2
1	2	3	4	5	6	7	8	9	10	11								3
1	2	3	4	5	6	7	8	9	10	11								4
1	2	3	4	5	6	7	8	9	10	11								5
1	2	3	4	5	6	7	8	9	10	11								6
1	2	3	4	5	6	7	8	9*	10	11		12						7
1	2	3	4	5	6	7	8			11		9	10					8
1	2	3	4	5	6	7*	8			11	12	9	10					9
1	2	3	4	5	6	7	8	9		11	12		10*					10
1	2	3	4		6	7	8			11		10*	5	9	12			11
1	2	3	4		6	7	8			11			5	9		10		12
1	2	3	4		6	7	8			11		10	5	9				13
1	2	3	4		6	7	8			11		12	5*	9		10		14
1	2	3	4	5	6	7	8*	10		11		12		9				15
1	2	3	4	5	6	7	8	10*		11				9	12			16
1	2	3	4	5	6	7	8	10		11				9				17
1	2		4	5*	6	7	8	10		11	12	3			9			18
1	2	3*	4	5	6	7	8	9		11	12					10		19
1	2		4	5	6	7	8	9		11		3				10		20
1	2		4	5	6	7	8	9		11		3				10		21
1	2		4	5	6	7	8	9	10	11		3						22
1	2	3	4		6	7	8	9*		11	12	5				10		23
1	2	3	4		6	7	8	9		11	12	5*				10		24
1	2	3	4		6	7	8	9			11	5				10		25
1	2	3	4		6	7	8	9		11		5				10		26
1	2	3	4		6	7	8	9		11		5				10		27
1	2	3	4		6	7	8	9		11		5				10		28
1	2	3	4		6	7	8	9		11		5*	12			10		29
1	2	3	4		6	7	8	9		11	5					10		30
1	2	3	4		6	7	8		9	11	5					10		31
1	2	3	4		6	7	8		9	11		5				10		32
1	2*	3	4		6	7	8		9	11		5	12			10		33
1		3	4		6	7	8		9	11		5			2	10		34
1		3	4		6	7	8		9	11		5			2	10		35
1		3	4		6	7	8		9	11	2	5				10		36
1		3	4		6	7	8		9	11	2	5				10		37
1		3	4		6	7	8		9	11	2	5	12			10*		38
1	2	3	4		6	7	8		9	11		12	5			10*		39
1	2	3	4		6	7*	8	10	9	11		5				12		40
1	2	3	4		6	7	8	10	9	11			5					41
1	2	3	4		6	7	8	10*	9	11		12	5					42
42	37	38	41	18	42	42	42	27	20	41		10	4	25	7	2	23	
												2	9		3	1	2	
			12	3	1	7	3	16	8	11		2	1	4	4		11	

1978-79

#	Month	Date	H/A	Opponent	Result	Score	Scorers	Attendance
1	Aug	19	(a)	Nottingham F	D	1-1	Villa	41,223
2		23	(h)	Aston Villa	L	1-4	Hoddle (pen)	47,892
3		26	(h)	Chelsea	D	2-2	Armstrong, Duncan	40,632
4	Sep	2	(a)	Liverpool	L	0-7		50,705
5		9	(h)	Bristol C	W	1-0	Rodgers (og)	34,035
6		16	(a)	Leeds U	W	2-1	Lee, Taylor	36,062
7		23	(a)	Manchester C	L	0-2		43,471
8		30	(h)	Coventry C	D	1-1	Hoddle	35,806
9	Oct	7	(a)	West Brom A	W	1-0	Taylor	33,068
10		14	(h)	Birmingham C	W	1-0	Ainscow (og)	41,236
11		21	(a)	Derby Co	D	2-2	McAllister, Taylor	26,181
12		28	(h)	Bolton W	W	2-0	Pratt, Lee	37,337
13	Nov	4	(a)	Norwich C	D	2-2	Lee, Taylor	27,033
14		11	(h)	Nottingham F	L	1-3	Pratt	50,543
15		18	(a)	Chelsea	W	3-1	Lee 2, Hoddle	42,323
16		22	(h)	Liverpool	D	0-0		50,393
17		25	(h)	Wolverhampton W	W	1-0	Taylor	35,430
18	Dec	9	(h)	Ipswich T	W	1-0	Pratt	33,882
19		16	(a)	Manchester U	L	0-2		52,026
20		23	(h)	Arsenal	L	0-5		42,273
21		26	(a)	Queen's Park R	D	2-2	Lee, Taylor (pen)	24,845
22		30	(a)	Everton	D	1-1	Taylor	44,572
23	Jan	13	(a)	Bristol C	D	0-0		29,122
24		20	(h)	Leeds U	L	1-2	Hoddle	36,838
25	Feb	3	(h)	Manchester C	L	0-3		32,037
26		10	(a)	Coventry C	W	3-1	Lee, Taylor 2	25,071
27		24	(a)	Birmingham C	L	0-1		20,980
28	Mar	3	(h)	Derby Co	W	2-0	Ardiles 2	28,089
29		17	(a)	Norwich C	D	0-0		24,982
30		24	(a)	Aston Villa	W	3-2	Jones, Hoddle 2	35,486
31		28	(h)	Southampton	D	0-0		23,570
32		31	(a)	Middlesbrough	L	0-1		19,172
33	Apr	3	(a)	Wolverhampton W	L	2-3	Jones 2	19,819
34		7	(h)	Middlesbrough	L	1-2	Taylor (pen)	21,580
35		10	(a)	Arsenal	L	0-1		53,896
36		14	(h)	Queen's Park R	D	1-1	Perryman	28,854
37		16	(a)	Southampton	D	3-3	Pratt, Jones, Taylor	22,096
38		21	(h)	Manchester U	D	1-1	Jones	36,665
39		28	(a)	Ipswich T	L	1-2	Hoddle (pen)	28,179
40	May	5	(h)	Everton	D	1-1	Ardiles	26,077
41		8	(a)	Bolton W	W	3-1	Holmes, Falco, Villa	17,879
42		14	(h)	West Brom A	W	1-0	Villa	24,789

FINAL LEAGUE POSITION: 11th in Division One

Appearances

Sub. Appearances

Goals

Daines	McAllister	Gorman	Hoddle	Lacy	Perryman	Villa	Ardiles	Armstrong	Moores	Taylor	Pratt	Duncan	McNab	Naylor	Holmes	Lee	Kendall	Jones	Aleksic	Galvin	Beavon	Miller	Falco	Smith	
1	2	3	4	5	6	7	8	9	10	11*	12														1
1	2	3	4	5	6	7	8	9	10	11															2
1	2	3	4	5	6	7	8	9				10	11												3
1	2		4	5	6	7	8			9		10	11	3											4
1	2	3		5	6	7	8			11	10				4	9									5
1	2	3		5	6	7*	8	12		11	10				4	9									6
1	2	3		5	6*	7	8	12		11	10				4	9									7
1	2	3	12	5	6		8	7*		11	10				4	9									8
1	2	3	7		6		8	5		11	10				4	9									9
1	3		10	5	6		8			11	7				2	4	9								10
1	3		10	5	6		8			11	7				2	4	9								11
1	3		10*	5	6	12	8			11	7				2	4	9								12
	3		10	5	6	12	8*			11	7				2	4	9	1							13
	3		10	5	6	12	8*			11	7				2	4	9	1							14
	3	2	10	5	6		8			11	7					4	9	1							15
	2	3	10*	5	6	12	8			11	7					4	9	1							16
	2	3	10*	5	6	12	8			11	7					4	9	1							17
	2	3	10	5	6		8			11	7					4	9	1							18
	2	3	10	5	6	12	8			11	7			4*		9	1								19
		3	10	5	6		8			11	7*			2	4	9	1	12							20
		3		5	6	4	8			11	7			2		9	1	10							21
	3			5	6	4	8			11	7			2		9	1	10							22
	3			5	6	4	8			11	7				2	9	1	10							23
	2		4	5	6		8			11	7				3	9		10	1						24
	2		4	5	6		8	9		11					3		1			7	10				25
		10	4	5	6		8*	12		11	7				2	3	9	1							26
			4	5	6	9		8		11	7				2	3		1	10						27
	9		4	5	6	11	8				7				2	3		1	10						28
	3		10	5	6	11	8*			12	7				2	4	9	1							29
	3		10	5	6	11	8				7				2	4		1	9						30
	3		10	5	6	11	8				7				2	4		1	9						31
	3		10	5	6	11	8*				7				2	4	12	1	9						32
	3		10	5	6	11				8	7				2	4		1	9						33
	3		10		6	11	7			8	5				2	4		1	9						34
1	3		10		6	11				8	7				2	4			9		5				35
1	3		10		6	11				8	7				2	4			9		5				36
	3			6	8	10				11	7				2	4		1	9		5				37
	3		8	5	6	7	10			11	2							1	9			4			38
	3		10	5	6	11	8				7					2			9	1		4			39
	3		10		6	11	8				7				5	2			9	1		4			40
	3*		10		6	11	8				7				5	2		1			4	9	12		41
	5		10	4	6	11	8				7					2			9	1			3		42
14	28	15	34	35	42	26	38	7	2	32	37	2	2	22	33	26	23	18	5	1	1	7	1	1	
				1		6		3		1	1				1		1			1					
	1		7	1	3	3	1			11	4	1			1	7			5			1			

1979-80

#	Month	Date	H/A	Opponent	Result	Score	Scorers	Attendance
1	Aug	18	(h)	Middlesbrough	L	1-3	Hoddle	32,743
2		22	(a)	Norwich C	L	0-4		16,647
3		25	(a)	Stoke C	L	1-3	Perryman	22,832
4	Sep	1	(h)	Manchester C	W	2-1	Jones, Hoddle	30,901
5		8	(h)	Brighton & HA	W	2-1	Armstrong, Hoddle (pen)	34,107
6		15	(a)	Southampton	L	2-5	Jones, Hoddle	22,573
7		22	(h)	West Brom A	D	1-1	Hoddle (pen)	29,914
8		29	(a)	Coventry C	D	1-1	Jones	20,085
9	Oct	6	(a)	Crystal Palace	D	1-1	Villa	45,274
10		10	(h)	Norwich C	W	3-2	Hoddle 2, Villa	26,488
11		13	(h)	Derby Co	W	1-0	Armstrong	33,269
12		20	(a)	Leeds U	W	2-1	Jones, Armstrong	25,203
13		27	(h)	Nottingham F	W	1-0	Hoddle	49,038
14	Nov	3	(a)	Middlesbrough	D	0-0		19,557
15		10	(h)	Bolton W	W	2-0	Yorath, Hoddle (pen)	33,155
16		17	(a)	Liverpool	L	1-2	Jones	51,092
17		24	(a)	Everton	D	1-1	Jones	31,079
18	Dec	1	(h)	Manchester C	L	1-2	Hoddle	51,389
19		8	(a)	Bristol C	W	3-1	Miller, Hoddle 2 (1 pen)	25,090
20		15	(h)	Aston Villa	L	1-2	Ardiles	30,555
21		21	(a)	Ipswich T	L	1-3	McAllister	18,945
22		26	(a)	Arsenal	L	0-1		44,560
23		29	(h)	Stoke C	W	1-0	Pratt	28,810
24	Jan	12	(a)	Manchester C	D	1-1	Hoddle	34,837
25		19	(a)	Brighton & HA	W	2-0	Hughton, Villa	29,406
26	Feb	2	(h)	Southampton	D	0-0		37,155
27		9	(a)	West Brom A	L	1-2	Hoddle	26,319
28		23	(a)	Derby Co	L	1-2	Galvin	21,183
29		27	(h)	Coventry C	W	4-3	Falco, Hoddle 3 (2 pen)	22,536
30	Mar	1	(h)	Leeds U	W	2-1	Falco, Hoddle	35,331
31		11	(a)	Nottingham F	L	0-4		25,633
32		15	(h)	Crystal Palace	D	0-0		28,419
33		22	(a)	Bolton W	L	1-2	Jones	14,474
34		29	(h)	Liverpool	W	2-0	Pratt, Hoddle (pen)	31,114
35	Apr	2	(h)	Ipswich T	L	0-2		26,423
36		5	(a)	Wolverhampton W	W	2-1	Jones, Galvin	30,713
37		7	(h)	Arsenal	L	1-2	Jones	41,365
38		12	(a)	Manchester U	L	1-4	Ardiles	53,151
39		19	(h)	Everton	W	3-0	Miller, Ardiles, Galvin	25,245
40		23	(h)	Wolverhampton W	D	2-2	Armstrong, Galvin	19,753
41		26	(a)	Aston Villa	L	0-1		29,549
42	May	3	(h)	Bristol C	D	0-0		23,585

FINAL LEAGUE POSITION: 14th in Division One

Appearances

Sub. Appearances

Goals

Daines	Lee	Smith	Yorath	Lacy	Perryman	Pratt	Ardiles	Falco	Hoddle	Villa	Jones	McAllister	Hughton	Miller	Southey	Armstrong	Beavon	Aleksic	Galvin	Gibson	Taylor	Naylor	Kendall	Hazard	
1	2	3	4	5	6	7*	8	9	10	11	12														1
1	2	3	4	5	6		8	7	10	11	9														2
1	2	3	4	5	6	7	8	9*	10		11	12													3
1	11		4		6	7	8*	12	10		9	2	3	5											4
1	11		4		6	7*			10		8	2	5	3	9	12									5
1			4	5	6	7			10	3	8	2			9	11									6
1			4		6		7		10	11	8	3	2	5	9										7
1			4		6		7		10	11	8	3	2	5	9										8
1			4		6	12	7*		10	11	8	3	2	5	9										9
1			4*		6	12	7		10	11	8	3	2	5	9										10
1	12				6	4	7		10	11	8	3	2	5	9*										11
1*			4		6	12	7		10	11	8	3	2	5	9										12
	12	3	4		6		7		10	11	8	5	2		9*		1								13
		5	4		6		7		10	11	8	3	2		9		1								14
		5	4		6		7		10	11	8	3	2		9		1								15
		5	4		6		7		10	11	8	3	2		9		1								16
		5	4		6		7		10	11	8	3	2		9		1								17
		5			6	4	7		10	11	8	3	2		9		1								18
1	9	5			6	4	7		10	11	8			2	3										19
1	9	5			6	4	7		10	11	8			2	3										20
1	9		4		6		7		10	11	8	5	2	3											21
		5	4		6	11	7		10		8	3	2		9*		1	12							22
		3	4		6	11	7		10		8	5	2				1	12	9*						23
1			4		6	12	7		10	11	8*	3	2	5	9										24
1			4		6	12	7		10	11		5	2	3	9				8*						25
1			4			8	7		10			5	2	3	9					11	6				26
1			4				7		10	11	8	5	2	3	9						6				27
					6	4	7	8	10			5	2	3	9	11*		12			1				28
			11		6	4	7	8	10			5	2	3	9						1				29
1			11		6		7	8	10	4		5	2	3	9										30
1		4*			6		7		10			8	5	2	3	9					11	12			31
1	4				6		7		10			8	5	3		9					11	2			32
1					6		7		10			8	5	3	4	9					11	2			33
1		4			6	9	7		10			8	5	3		12					11*	2			34
1		4			6	9	7		10			8	5	3							11	2			35
1		2			6	11	7		10			8	5	3	4				9						36
1		4			6	9	7		10			8	5	3	2						11				37
1		4			6	9	7		10			8	5	3	2				12		11*				38
1					6		7		10			8	5	3	2			9			11	12	4*		39
1		4			6		7			8*		5	3	2		9					11	12		10	40
1			6		4		7	12	10			8	3	2	5			11*			9				41
1			6				7	9	10			8	5	3	2						11			4	42
32	8	14	33	4	40	19	40	7	41	22	36	35	39	27	1	28	2	8	7	1	7	6	2	3	
	2				5		2			1	1				2	1		3			2	1			
		1		1	2	3	2	19	3	9	1	1	2		4			4							

33

1980-81

1	Aug	16	(h)	Nottingham F	W 2-0	Hoddle (pen), Crooks	43,398
2		19	(a)	Crystal Palace	W 4-3	Archibald, Hoddle, Crooks 2	27,841
3		23	(h)	Brighton & HA	D 2-2	Hoddle, Crooks	39,763
4		30	(a)	Arsenal	L 0-2		54,045
5	Sep	6	(h)	Manchester U	D 0-0		40,995
6		13	(a)	Leeds U	D 0-0		21,947
7		20	(h)	Sunderland	D 0-0		32,030
8		27	(a)	Leicester C	L 1-2	Villa	22,616
9	Oct	4	(a)	Stoke C	W 3-2	Hughton, Archibald, Taylor (pen)	18,614
10		11	(h)	Middlesbrough	W 3-2	Archibald, Villa, Crooks	27,380
11		18	(a)	Aston Villa	L 0-3		30,940
12		22	(a)	Manchester C	L 1-3	Hoddle	28,788
13		25	(h)	Coventry C	W 4-1	Archibald 2, Hoddle 2	25,484
14	Nov	1	(a)	Everton	D 2-2	Archibald 2	26,223
15		8	(h)	Wolverhampton W	D 2-2	Hoddle (pen), Crooks	29,244
16		12	(h)	Crystal Palace	W 4-2	Archibald, Crooks 3	25,777
17		15	(a)	Nottingham F	W 3-0	Ardiles, Archibald 2	25,400
18		22	(a)	Birmingham C	L 1-2	Ardiles	24,817
19		29	(h)	West Brom A	L 2-3	Lacy, Perryman	27,372
20	Dec	6	(a)	Liverpool	L 1-2	Archibald	39,545
21		13	(h)	Manchester C	W 2-1	Archibald, Hoddle	23,883
22		17	(a)	Ipswich T	W 5-3	Perryman, Ardiles, Archibald, Hoddle, Crooks	22,741
23		20	(a)	Middlesbrough	L 1-4	Lacy	15,990
24		26	(h)	Southampton	D 4-4	Brooke 2, Archibald, Crooks	28,792
25		27	(a)	Norwich C	D 2-2	Archibald, Hoddle	23,145
26	Jan	10	(h)	Birmingham C	W 1-0	Crooks	24,909
27		17	(h)	Arsenal	W 2-0	Archibald 2	32,944
28		31	(a)	Brighton & HA	W 2-0	Ardiles, Crooks	23,610
29	Feb	7	(h)	Leeds U	D 1-1	Archibald	32,372
30		17	(a)	Manchester U	D 0-0		40,642
31		21	(h)	Leicester C	L 1-2	Archibald	27,326
32		28	(a)	Sunderland	D 1-1	Crooks	22,382
33	Mar	11	(h)	Stoke C	D 2-2	Ardiles, Brooke	28,742
34		14	(a)	Ipswich T	L 0-3		32,044
35		21	(h)	Aston Villa	W 2-0	Archibald, Crooks	35,091
36		28	(a)	Coventry C	W 1-0	Roberts (og)	18,654
37	Apr	4	(h)	Everton	D 2-2	Galvin, Crooks	27,208
38		18	(a)	Norwich C	L 2-3	Miller, Hoddle (pen)	34,413
39		20	(a)	Southampton	D 1-1	Miller	23,735
40		25	(h)	Liverpool	D 1-1	Hoddle	35,334
41		30	(a)	Wolverhampton W	L 0-1		18,350
42	May	2	(a)	West Brom A	L 2-4	Smith, Falco	20,549

FINAL LEAGUE POSITION: 10th in Division One

Appearances
Sub. Appearances
Goals

Kendall	Smith	Hughton	Yorath	Lacy	Perryman	Ardiles	Archibald	Villa	Hoddle	Crooks	Armstrong	Taylor	Daines	Roberts	Miller	McAllister	Brooke	Aleksic	O'Reilly	Galvin	Mazzon	Hazard	Falco	
1	2	3	4	5	6	7*	8	9	10	11	12													1
1	2	3	4	5	6	7	8	9	10	11														2
1	2	3	4	5	6	7	8	9	10	11														3
1	2*	3	4	5	6	7	8	9	10	11	12													4
	2	3	4	5	6	7*	8	9	10	11	12	1												5
	2	3		5	6	7	8	9	10	11		4	1											6
	2	3		5	6	7	8	9	10	11	12	4*	1											7
	2	3	4	5	6	7	8	9	10	11		1												8
	2	3	4	5	6	7	8	9		11*		10	1	12										9
	2	3	4	5	6	7*	8	9	10	11		12	1											10
	2	3	4*	5	6		8	9	10	11	12	7	1											11
	2	3		5	6	7	8	9	10	11*	12	4	1											12
	2	3		5	6	7	8	9	10	11		1	4											13
	2	3		5	6	7	8	9	10	11		1	4											14
	2	3*		5	6	7	8	9	10	11		1	12	4										15
		3		5	6	7	8	9	10	11		1	12	4	2*									16
		3		5	6	7	8	9	10	11		1		4	2									17
		3		5	6	7	8	9	10	11		1		4	2									18
		3		5	6	7*	8	9	10	11		1		4	2	12								19
		3		5	6	7	8	9	10	11		1	4	2										20
		3	12	5	6	7*	8	9	10	11		1	4	2										21
		3	12	5	6	7	8	9*	10	11		1	4	2										22
		3	12	5	6	7	8	9	10	11		4*		2		1								23
		3*	2	5	6		8	9	10	11		4			7	1	12							24
			4	5	6		8	9*	10	11			2	12	7	1	3							25
				5	6		8		10	11		1	4	3	2	7*		9	12					26
			12	5*	6		8		10	11		1	4	3	2	7		9						27
				5	6	7*	8		10	11		1	4	3	2	12		9						28
				5	6	7	8		10	11*		1	4	3	2	12		9						29
		2		5	6	7	8		10	11		1	4	3				9						30
		2		5	6	7	8		10	11*		1	4	3		12		9						31
	12	2			6	7	8*		10	11		1	4	3				9	5					32
		2*			6	7	8		10	11		1	4	3	5	12		9						33
		2			6	7*	8		10	11		1	4	3	5	12		9						34
		2			6	7	8		10	11			4	3		5	1	9						35
	12	2			6	7	8		10	11			4	3		5*	1	9						36
		2			6	7	8	12	10	11			4	3		5*	1	9						37
		2			6	7	8		10	11			4	3		5	1	9	12					38
		2				3	7		6	11*			4	5	12	1		9		10	8			39
	2				6	7	8	5*	10	11			3	4	12	1		9						40
	2				6	7	8				1	4	3*	10	5			9		12	11			41
					6		12	5				10*	3	4	7			9		8	11			42
4	18	34	11	31	42	36	40	28	38	40		5	28	21	24	18	10	10	1	17	1	2	3	
	2		4					1	1			4	3		3	1		8		1		1	2	
1	1			2	2	5	20	2	12	16		1			2		3		1		1			

1981-82

#	Month	Date	H/A	Opponent	Result	Score	Scorers	Attendance
1	Aug	29	(a)	Middlesbrough	W	3-1	Villa, Hoddle, Falco	20,490
2	Sep	2	(h)	West Ham U	L	0-4		41,208
3		5	(h)	Aston Villa	L	1-3	Villa	31,265
4		12	(a)	Wolverhampton W	W	1-0	Galvin	18,675
5		19	(h)	Everton	W	3-0	Hughton, Roberts, Hoddle (pen)	31,219
6		22	(a)	Swansea C	L	1-2	Hoddle (pen)	22,352
7		26	(a)	Manchester C	W	1-0	Falco	39,085
8	Oct	3	(h)	Nottingham F	W	3-0	Hazard, Falco 2	34,876
9		10	(h)	Stoke C	W	2-0	Ardiles, Crooks	30,520
10		17	(a)	Sunderland	W	2-0	Hazard, Archibald	25,317
11		24	(h)	Brighton & HA	L	0-1		37,294
12		31	(a)	Southampton	W	2-1	Roberts, Corbett	24,131
13	Nov	7	(h)	West Brom A	L	1-2	Crooks	32,436
14		21	(h)	Manchester U	W	3-1	Roberts, Hazard, Archibald	35,534
15		28	(a)	Notts Co	D	2-2	Crooks 2	15,556
16	Dec	5	(h)	Coventry C	L	1-2	Hazard	27,952
17		12	(a)	Leeds U	D	0-0		28,780
18	Jan	27	(h)	Middlesbrough	W	1-0	Crooks	22,819
19		30	(a)	Everton	D	1-1	Villa	30,709
20	Feb	6	(h)	Wolverhampton W	W	6-1	Villa 3, Falco, Hoddle (pen), Crooks	29,960
21		17	(a)	Aston Villa	D	1-1	Crooks	23,877
22		20	(h)	Manchester C	W	2-0	Hoddle 2 (1 pen)	46,181
23		27	(a)	Stoke C	W	2-0	Crooks	20,592
24	Mar	9	(a)	Brighton & HA	W	3-1	Ardiles, Archibald, Crooks	27,082
25		20	(h)	Southampton	W	3-2	Roberts 3	46,827
26		23	(a)	Birmingham C	D	0-0		17,708
27		27	(h)	West Brom A	L	0-1		20,151
28		29	(h)	Arsenal	D	2-2	Hughton, Archibald	40,946
29	Apr	10	(h)	Ipswich T	W	1-0	Hoddle	45,215
30		12	(a)	Arsenal	W	3-1	Hazard, Crooks 2	48,897
31		14	(h)	Sunderland	D	2-2	Galvin, Hoddle	39,898
32		17	(a)	Manchester U	L	0-2		50,724
33		24	(h)	Notts Co	W	3-1	Villa, Archibald, Galvin	38,017
34		28	(h)	Birmingham C	D	1-1	Villa	25,470
35	May	1	(a)	Coventry C	D	0-0		15,408
36		3	(h)	Liverpool	D	2-2	Perryman, Archibald	38,091
37		5	(h)	Swansea C	W	2-1	Brooke 2 (1 pen)	26,348
38		8	(h)	Leeds U	W	2-1	Brooke, Burns (og)	35,020
39		10	(a)	West Ham U	D	2-2	Hoddle (pen), Brooke	27,667
40		12	(a)	Nottingham F	L	0-2		15,273
41		15	(a)	Liverpool	L	1-3	Hoddle	48,122
42		17	(a)	Ipswich T	L	1-2	Crooks	21,202

FINAL LEAGUE POSITION: 4th in Division One

Appearances

Sub. Appearances

Goals

Clemence	Hughton	Miller	Price	Villa	Perryman	Ardiles	Brooke	Galvin	Hoddle	Falco	Roberts	Hazard	Smith	Jones	Lacy	Archibald	Crooks	Corbett	Dick	Gibson	O'Reilly	Crook	Aleksic	Parks	
1	2	3	4	5	6	7	8	9	10	11															1
1		3	4*	5	6		8	9	10	11	2	7	12												2
1		3*		5	6	7	8		10	11	2		4	9	12										3
1	2	3		5	6	7	8*	9	10	11	4			12											4
1	2	3		5	6	7		9	10	11	4					8									5
1	2	3		5	6	7		9	10	11	4					8									6
1	2	3		5	6	7		9	10	11	4					8									7
1	2	3			6	7		9	10	11	4	5				8									8
1	2	3	5*		6	7		9	10		4	12				8	11								9
1	2	3			6	7		9	10		4	5*		12		8	11								10
1	2	3			6	7		9	10		4	5				8	11								11
1	2	3			6	7		9	10		4	5				8	11*	12							12
1	2	3	10		6	7*		9			4	5		12		8	11								13
1	2	3			6	7		9	10		4	5				8	11								14
1	2	3			6	7		9	10		4	5				8	11								15
1	2*	3		12	6	7		9	10		4	5				8	11								16
1	2	3		8	6	7		9	10		4	5*		12			11								17
1	2	3		5	6	7		9	10	8	4						11								18
1	2	3	4	5	6	7	12	9	10	8*							11								19
1	2	3	4	5	6			9	10	8		12					11*								20
1	2	3	9		6	7			10	8	4*	5				12	11								21
1	2	3	4		6	7			10		12	5				8	11		9*						22
1	2	3	4		6	7*		9	10		12	5				8	11								23
1	2	3	4		6	7		9			10	5				8	11								24
1	2	3	4	11	6			9	10		7	5				8									25
1	2	3		11	6	7		9		10	4	5			12				8*						26
1	2	3	5	11	6	7	12	9		10*	4					8									27
1	2		4	5	6	7		9	10		3	11				8									28
1	2	3		7	6		12	9	10		4	5				8*	11								29
1		3	4	7	6			9	10		2	5	8				11								30
1		3	4	7	6		12	9*	10		2	5	8				11								31
1	2	3*	12	7	6			9	10		4	5				8	11								32
1	2		3	7	6			9	10		4	5				8	11								33
1	2		3	7	6			9			4	10		5		8	11								34
1	2			7	6		11	9*		10	4			5	8				3	12					35
	2	3			6				10			9	4*		12	5	8				7	11	1		36
	2				6				10			9	4		12	5		3			7	11*	1		37
1	2				6		4		10	9					12	5	11	3			7	8*			38
		3	4		6		8		10	9		7			5		11	2*		12			1		39
1	2		3	9	6			7	10	8	4				5		11								40
1	2		3	12	6			7	10	8	4	5					11*								41
	2	3		12	9	6			7	10*	4	5					8	11					1		42
38	37	35	18	26	42	26	12	32	34	21	35	26	2	3	7	26	27	3	1	1	4	3	2	2	
		3	1			4				2	2	1	4	5	1		1			1	1				
	2		8	1	2	4	3	10	5	6	5			6	13	1									

1982-83

#									
1	Aug	28	(h)	Luton T	D	2-2	Hazard, Mabbutt		35,195
2		31	(a)	Ipswich T	W	2-1	Archibald, Crooks		23,224
3	Sep	4	(a)	Everton	L	1-3	Archibald		30,563
4		8	(h)	Southampton	W	6-0	Brooke (pen), Perryman, Galvin 2, Villa, Crooks		26,579
5		11	(h)	Manchester C	L	1-2	Mabbutt		32,483
6		18	(a)	Sunderland	W	1-0	Brooke		21,137
7		25	(h)	Nottingham F	W	4-1	Mabbutt 2, Crooks 2		30,662
8	Oct	2	(a)	Swansea C	L	0-2			16,381
9		9	(h)	Coventry C	W	4-0	Crooks, Brooke 3 (1 pen)		25,188
10		16	(a)	Norwich C	D	0-0			21,668
11		23	(h)	Notts Co	W	4-2	Brooke, Mabbutt, Crooks 2		26,183
12		30	(a)	Aston Villa	L	0-4			25,992
13	Nov	6	(h)	Watford	L	0-1			42,634
14		13	(a)	Manchester U	L	0-1			47,869
15		20	(h)	West Ham U	W	2-1	Archibald 2		41,960
16		27	(a)	Liverpool	L	0-3			40,691
17	Dec	4	(h)	West Brom A	D	1-1	Wile (og)		26,608
18		11	(a)	Stoke C	L	0-2			15,849
19		18	(h)	Birmingham C	W	2-1	Mabbutt 2		20,946
20		27	(a)	Arsenal	L	0-2			51,497
21		28	(h)	Brighton & HA	W	2-0	Villa, Hughton		23,994
22	Jan	1	(a)	West Ham U	L	0-3			33,383
23		3	(h)	Everton	W	2-1	Gibson 2		28,455
24		15	(a)	Luton T	D	1-1	Hoddle		21,231
25		22	(h)	Sunderland	D	1-1	Gibson		25,250
26	Feb	5	(a)	Manchester C	D	2-2	Gibson, Brooke (pen)		26,357
27		12	(h)	Swansea C	W	1-0	Crooks		24,632
28		16	(h)	Norwich C	D	0-0			23,342
29	Mar	5	(a)	Notts Co	L	0-3			11,841
30		12	(a)	Coventry C	D	1-1	Miller		11,027
31		19	(a)	Watford	W	1-0	Falco		27,373
32		23	(h)	Aston Villa	W	2-0	Falco 2		22,455
33	Apr	2	(a)	Brighton & HA	L	1-2	Roberts		20,341
34		4	(h)	Arsenal	W	5-0	Hughton 2, Brazil, Falco 2		43,642
35		9	(a)	Nottingham F	D	2-2	Mabbutt, Brazil		18,265
36		16	(h)	Ipswich T	W	3-1	Mabbutt, Brazil 2		30,587
37		23	(a)	West Brom A	W	1-0	Archibald		14,879
38		30	(h)	Liverpool	W	2-0	Archibald 2		44,907
39	May	3	(a)	Southampton	W	2-1	Mabbutt, Brazil		21,602
40		7	(a)	Birmingham C	L	0-2			18,947
41		11	(h)	Manchester U	W	2-0	Roberts, Archibald		32,803
42		14	(h)	Stoke C	W	4-1	Brazil, Archibald 3		33,691

FINAL LEAGUE POSITION: 4th in Division One

Appearances

Sub. Appearances

Goals

Clemence	Hughton	Miller	Lacy	Hazard	Perryman	Mabbutt	Archibald	Galvin	Hoddle	Crooks	Brooke	Price	Villa	Roberts	Falco	Crook	O'Reilly	Parks	Corbett	Mazzon	Webster	Gibson	Dick	Ardiles	Brazil	
1	2	3	4	5	6	7	8*	9	10	11	12															1
1	2	3	4		6	7	8	9	10	11	5															2
1	2	3*	4	12	6	7	8	9	10	11	5															3
1	2		4	7	6		8	9	10*	11	5	3	12													4
1			4	7*	6	2	8	9		11	5	3	10	12												5
1	2	4			6	7	8	9		11	5	3	10													6
1	2	4		8*	6	7				11	5	3	10	9	12											7
1	2		3	9	6	7	8			11	5*	4	10		12											8
	2	4	3	9		7	8*			11	5		10	12	6	1										9
1		4	3	9		7	8			11	5	2	10		6											10
1		4	5	6		9				11	7	2	10*	8	12	3										11
1	3	4	5	6		9				11	7	2	10	8												12
1	2	3	5	12	6	2	8			10	11	4		9*												13
1	2	3	5		6	7	8			10	11	9			4											14
1	2		5	6*	7	8				10	11	12	3	9		4										15
1	2		5*	6	10	8	9			11		3	7	12		4										16
1	2				7	8	9	10	11		3	5	6		4											17
1	2	4			7	8	9	10	11*		3	5	6				12									18
1	2	3	8	6	7		9	10	11	12	5*	4														19
1	2		5	6	7	8	9*	10	11	12		4		3												20
1	2		5	6		8		10	11	7		9	4*		12	3										21
1	2			6		8		10	11	9	4	5			7		3									22
1	2			6		8		10		7					3		4	5	9	11						23
1	2			6	11	8		12		5		10	4		3			9*		7						24
1	2	3		6	11	8		10			5	4			9	7										25
1	2	3		6	8			11	10		5	4	12			9		7*								26
1	2*	3		6	8	7		11	10	4	5		12			9										27
1	2	3	5*	6	8	7		11		4	10	12				9										28
1	2	3		6	8	7		11		4	5*	12	10			9										29
1	2	5		6	8	7					4	10	11*	3		12	9									30
1	2	5		6	7	8					4	9	3			11		10								31
1	2	5		6	7		11	10*			4	9	3			12		8								32
1	2		5	12		7	8	11			4	9	3			6*		10								33
1	2	5			7	8	9				4	11	3			6		10								34
1	2	5		12	7	8	9				4	11	3*			6		10								35
1	2	5		6	7	8	12				4	11	3*			9		10								36
1	2	5		6	7	8	9	10			4		3			12		11*								37
1	2	5		6	7	8	9	10			4		3					11								38
1	2	5		6	7	8	9	10			4		3					11								39
1	2	5			7	8	9	10			4	12	3			6*		11								40
1		5	2	6	7	8	9	10			4		3					11								41
1	2	5	4	6	7	8	9	10				12	3*					11								42
41	38	23	22	15	32	38	31	26	22	26	19	16	21	20	11	1	25	1		2	1	14	2	2	12	
				3	1			2		4		1	4	5	3	1		1	2							
	3	1		1	1	10	11	2	1	8	7		2	2	5							4		6		

39

1983-84

#	Month	Date	H/A	Opponent	Result	Score	Scorers	Attendance
1	Aug	27	(a)	Ipswich T	L	1-3	Archibald	26,562
2		29	(h)	Coventry C	D	1-1	Hoddle (pen)	35,454
3	Sep	3	(h)	West Ham U	L	0-2		38,042
4		7	(a)	West Brom A	D	1-1	Roberts	14,830
5		10	(a)	Leicester C	W	3-0	Stevens, Mabbutt, Crooks	15,886
6		17	(h)	Everton	L	1-2	Falco	29,125
7		24	(a)	Watford	W	3-2	Hughton, Hoddle, Archibald	21,056
8	Oct	2	(h)	Nottingham F	W	2-1	Stevens, Archibald	30,596
9		15	(a)	Wolverhampton W	W	3-2	Archibald 2, Falco	12,523
10		22	(h)	Birmingham C	W	1-0	Archibald	18,937
11		29	(h)	Notts Co	W	1-0	Archibald	29,198
12	Nov	5	(a)	Stoke C	D	1-1	Falco	14,726
13		12	(h)	Liverpool	D	2-2	Archibald, Hoddle (pen)	44,348
14		19	(a)	Luton T	W	4-2	Dick, Archibald 2, Cooke	17,275
15		26	(h)	Queen's Park R	W	3-2	Archibald, Falco 2	38,789
16	Dec	3	(a)	Norwich C	L	1-2	Dick	21,987
17		10	(h)	Southampton	D	0-0		29,711
18		16	(a)	Manchester U	L	2-4	Brazil, Falco	33,616
19		26	(h)	Arsenal	L	2-4	Roberts, Archibald	38,756
20		27	(a)	Aston Villa	D	0-0		30,125
21		31	(a)	West Ham U	L	1-4	Stevens	30,939
22	Jan	2	(h)	Watford	L	2-3	Hughton, Hoddle (pen)	32,495
23		14	(h)	Ipswich T	W	2-0	Roberts, Falco	25,832
24		21	(a)	Everton	L	1-2	Archibald	17,990
25	Feb	4	(a)	Nottingham F	D	2-2	Hughton, Falco	21,482
26		8	(h)	Sunderland	W	3-0	Perryman, Archibald 2	19,327
27		11	(a)	Leicester C	W	3-2	Archibald, Falco, Galvin	28,410
28		21	(a)	Notts Co	D	0-0		7,943
29		25	(h)	Birmingham C	L	0-1		23,564
30	Mar	3	(h)	Stoke C	W	1-0	Falco (pen)	18,271
31		10	(a)	Liverpool	L	1-3	Stevens	36,718
32		17	(h)	West Brom A	L	0-1		22,385
33		24	(a)	Coventry C	W	4-2	Roberts, Hazard, Brazil 2 (1 pen)	12,847
34		31	(h)	Wolverhampton W	W	1-0	Hazard	19,296
35	Apr	7	(a)	Sunderland	D	1-1	Falco	15,433
36		14	(h)	Luton T	W	2-1	Roberts, Falco	25,390
37		18	(h)	Aston Villa	W	2-1	Roberts (pen), Mabbutt	18,668
38		21	(a)	Arsenal	L	2-3	Archibald 2	48,831
39		28	(a)	Queen's Park R	L	1-2	Archibald	24,937
40	May	5	(h)	Norwich C	W	2-0	Archibald, Falco	18,874
41		7	(a)	Southampton	L	0-5		21,141
42		12	(h)	Manchester U	D	1-1	Archibald	39,790

FINAL LEAGUE POSITION: 8th in Division One

Appearances

Sub. Appearances

Goals

Clemence	Thomas	Mabbutt	Roberts	Stevens	Perryman	Hazard	Archibald	Galvin	Hoddle	Brazil	Falco	Bowen	Hughton	Crooks	Miler	O'Reilly	Brooke	Price	Crook	Dick	Cooke	Ardiles	Webster	Cockram	Parks	Culverhouse	Brace	
1	2	3	4	5	6	7*	8	9	10	11	12																	1
1	3	7	4	5	6		8	9	10	11*	12	2																2
1	3	7	4	5	6		9	10*		8		2	11	12														3
1		7	4	5	6		9			8		2	11		3	10												4
1		7	4	5	6		9			8	12	2	11		3	10*												5
1		7	4		6		9		12	8		2	11*		3	10	5											6
1		7	4	5	6	12	3	10	9	8		2				11*												7
1		7	4	5	6	8	3	10	11*	9		2				12												8
1		7	4*	5	6	8	3	10		9		2		11	12													9
1		7	4	5	6	8	3	10		9		2		12			11*											10
1		7	4	5	6	8	3	10		9	2	12					11*											11
1	3	7*	4	5	6	8	11	10		9	2			12														12
1	3		4	5	6	8	11	10	12	9	2						7*											13
1	3		4	5	6	8		10		9	2							7	11									14
1	3		4	5	6	8		10		9	2							11	7									15
1	3		4	5	6	8		10		9	2			12				11	7*									16
1	3		4	5	6	8*		10	11	9								2	12	7								17
1	3		4	5	6		7*	10	8	9								2			11	12						18
1			4	5	6	8		10	9	12	2*										11	3	7					19
1	3		4	5	6	8	7*	10	9	12		11						2										20
1	10			5	6	8			9	3								2			11		7	4				21
1	7			4	6	8		10	9	2	3				5	12							11*					22
			4	2	6	8	11	10*	9	3		12	5										7		1			23
		7	4	2	6	8	11	10	9	3			5												1			24
	12	7	4	2	6	8	11		9	3		5*								10					1			25
			4	2	6	8	11	10	9	3			5										7		1			26
			4	2	6	8	11	10	9	3			5								12	7*			1			27
	2			5	6		11*	10	8	9				3	4								7		1	12		28
	2			4	6	12	8		10	9				3		5		11*	7						1			29
	2			4	2	6	10		8	9				3		5	12	11*	7						1			30
1	2			4	7	6	10	8		9				3	12	5		11*										31
1	2	11		4	10	6	12	8		9				3		5*			7									32
1	2			4	10	6	7	8	11	9				3		5												33
				4	10	6	7		11	8	9			3													1	34
				4	8*	6	7		11	10	9			3			12										1	35
	2	10	4	12	6	7	8	11*		9				3		5											1	36
	2	10	4	12	6	7*	8	11		9				3		5											1	37
	2	7	4	12	6		8	9		3	11	5					10*										1	38
	2	10		4	6	7	8	11		9				3		5											1	39
	2	10		4	6		8	11		9*		3	12	5					7								1	40
1									10		3			11	5	4	8*	6		7			9	2	12			41
	2	7	4	10	6		8	11		9				3		5									1			42
26	26	21	35	37	41	9	31	30	24	17	32	6	34	6	20	9	7	1	3	10	9	8	1	2	16	1		
	1			3		2	1			2	4	1		4	1	3	5	1		1		1			1	1		
		2	6	4	1	2	21	1	4	3	13	3	1			2	1											

1984-85

#	Month	Date	H/A	Opponent	Result	Score	Scorers	Attendance
1	Aug	25	(a)	Everton	W	4-1	Falco, Allen 2, Chiedozie	35,630
2		27	(h)	Leicester C	D	2-2	Roberts 2 (1 pen)	30,046
3	Sep	1	(h)	Norwich C	W	3-1	Chiedozie, Falco, Galvin	24,947
4		4	(a)	Sunderland	L	0-1		18,895
5		8	(a)	Sheffield W	L	1-2	Falco	33,421
6		15	(h)	Queen's Park R	W	5-0	Falco 2, Allen 2, Hazard	31,655
7		22	(a)	Aston Villa	W	1-0	Chiedozie	22,409
8		29	(h)	Luton T	W	4-2	Roberts (pen), Perryman, Falco, Hazard	30,204
9	Oct	6	(a)	Southampton	L	0-1		21,825
10		12	(h)	Liverpool	W	1-0	Crooks	28,599
11		20	(a)	Manchester U	L	0-1		54,516
12		27	(h)	Stoke C	W	4-0	Roberts (pen), Chiedozie, Allen 2	23,477
13	Nov	3	(h)	West Brom A	L	2-3	Chiedozie, Hazard	24,494
14		10	(a)	Nottingham F	W	2-1	Hazard, Galvin	21,306
15		17	(a)	Ipswich T	W	3-0	Mabbutt, Allen, Hoddle	21,894
16		24	(h)	Chelsea	D	1-1	Falco	31,197
17	Dec	1	(a)	Coventry C	D	1-1	Falco	14,518
18		8	(h)	Newcastle U	W	3-2	Roberts (pen), Falco 2	29,695
19		15	(a)	Watford	W	2-1	Falco, Crooks	24,225
20		22	(a)	Norwich C	W	2-1	Galvin, Crooks	17,682
21		26	(h)	West Ham U	D	2-2	Mabbutt, Crooks	37,186
22		29	(h)	Sunderland	W	2-0	Hoddle, Crooks	26,930
23	Jan	1	(a)	Arsenal	W	2-1	Falco, Crooks	48,714
24		12	(a)	Queen's Park R	D	2-2	Falco, Crooks	27,404
25	Feb	2	(a)	Luton T	D	2-2	Roberts, Falco	17,511
26		23	(a)	West Brom A	W	1-0	Falco	15,418
27	Mar	2	(a)	Stoke C	W	1-0	Crooks	12,552
28		12	(h)	Manchester U	L	1-2	Falco	42,918
29		16	(a)	Liverpool	W	1-0	Crooks	43,852
30		23	(h)	Southampton	W	5-1	Ardiles, Falco, Hoddle, Crooks, Brooke	33,772
31		30	(h)	Aston Villa	L	0-2		27,971
32	Apr	3	(h)	Everton	L	1-2	Roberts	48,108
33		6	(a)	West Ham U	D	1-1	Ardiles	24,435
34		13	(a)	Leicester C	W	2-1	Falco, Hoddle	15,609
35		17	(h)	Arsenal	L	0-2		40,399
36		20	(h)	Ipswich T	L	2-3	Leworthy 2	20,348
37		27	(a)	Chelsea	D	1-1	Galvin	26,310
38	May	4	(h)	Coventry C	W	4-2	Falco 2, Hoddle, Hughton	16,711
39		6	(a)	Newcastle U	W	3-2	Leworthy, Hoddle, Crook	29,702
40		11	(h)	Watford	L	1-5	Hoddle (pen)	23,167
41		14	(h)	Sheffield W	W	2-0	Falco, Hoddle (pen)	15,669
42		17	(h)	Nottingham F	W	1-0	Falco	20,075

FINAL LEAGUE POSITION: 3rd in Division One

Appearances
Sub. Appearances
Goals

#	Clemence	Stevens	Hughton	Roberts	Miller	Perryman	Chiedozie	Falco	Allen	Hazard	Galvin	Mabbutt	Thomas	Crooks	Hoddle	Ardiles	Dick	Brooke	Bowen	Crook	Leworthy
1	1	2	3	4	5	6	7	8	9	10*	11	12									
2	1	2	3	4	5	6	7	8	9	10*	11	12									
3	1	2	3	4	5	6	7*	8	9	10	11	12									
4	1	2	3	4	5	6	7	8	9	10*	11		12								
5	1	2	3	4	5	6	7	8*	9	10	11	12									
6	1	2	3	4	5	6	7	8*	9	10	11	12									
7	1	2	3		5	6	7	8		10	9	4		11							
8	1	2	3	4	5	6	7	8		10	9			11							
9	1	2	3*	4	5	6	7	8		10	9	12		11							
10	1	2	3	4	5	6	7*	8		10	9	12		11							
11	1	2	3	4	5	6		8		10	9	7	11*	12							
12	1	2	3	4	5*	6	7	8	9	12	11			10							
13	1	2*	3	4	5	6	7	8	9	10	11			12							
14	1	2	12	4	5	6	7*	8	9	10	11	3									
15	1	2		4	5	6	7	8	9	11		3		10							
16	1	2		4	5	6	7	8	9	11		3		10							
17	1	2	3	4	5	6	7	8	9		11*	12		10							
18	1	2	3	4	5	6	7	8		9*	12		11	10							
19	1	2	3	4	5	6	7	8		9	10	12	11*								
20	1	2	3	4	5	6	7	8		12	9	10	11*								
21	1	2	3*	4	5	6	7	8		12	9	10		11							
22	1	2	12	4	5	6	7	8		9*	3		11	10							
23	1	2		4	5	6	7	8	12	9	3		11	10*							
24	1	2		4	5	6	7*	8		9	3		11	10	12						
25	1	2	3	4		6	7*	8	12	9	5		11	10							
26	1	2	3	4		6	7	8	12		5*		11	10	9						
27	1	2	3	4	5	6	7	8					11	10	9						
28	1	2*	3	4	5	6		8	12	9			11	10		7					
29	1		3	4	5	6	7*	8	12	9		2	11	10							
30	1		3	4	5			8		9		2	11	10	7*		12				
31	1				5	6		8		9		2	11	10	7*		12	3	4		
32	1			4	5	6		8		9		2	11*	10	7		12	3			
33	1			4	5	6	12	8		9*		2	11	10	7			3			
34	1			4	5	6	12	8		9		2	11*	10	7			3			
35	1			4		6	5	8	12	11*		2		10	7			3	9		
36	1			4	5*	6	12	8		11		2		10	7			3	9		
37	1			4	5	6	3*	8		11		2		10	7			12	9		
38	1		3	4	5	6	7*	8		11		2		10	7			12	9		
39	1		3	4	5*	6		8		11	12	2		10	7				9		
40	1		3	4	5	6	7*	8		11	9	2		10				12			
41	1		3	4	5	6		8		11	9	2		10			7				
42	42	28	29	40	39	42	31	42	12	15	38	15	14	22	26	10	2	1	6	2	6
			2			3		1	8		10		2	1		3	3				
		1	7		1	5	22	7	4	4	2		10	8	2		1		1	3	

1985-86

#	Month	Date		Opponent	Result		Scorers	Attendance
1	Aug	17	(h)	Watford	W	4-0	P. Allen, Falco, Waddle 2	29,884
2		21	(a)	Oxford U	D	1-1	Thomas	10,634
3		24	(a)	Ipswich T	L	0-1		17,758
4		26	(h)	Everton	L	0-1		29,750
5		31	(a)	Manchester C	L	1-2	Miller	27,789
6	Sep	4	(h)	Chelsea	W	4-1	Roberts, Miller, Falco, Chiedozie	23,642
7		7	(h)	Newcastle U	W	5-1	Falco, Chiedozie 2, Hoddle, Hazard	23,883
8		14	(a)	Nottingham F	W	1-0	Hughton	17,554
9		21	(h)	Sheffield W	W	5-1	Falco 2, Hoddle (pen), Chiedozie	23,601
10		28	(a)	Liverpool	L	1-4	Chiedozie	41,521
11	Oct	5	(a)	West Brom A	D	1-1	Waddle	12,040
12		20	(a)	Coventry C	W	3-2	Falco, Hoddle (pen), Chiedozie	13,545
13		26	(h)	Leicester C	L	1-3	Falco	17,944
14	Nov	2	(a)	Southampton	L	0-1		17,440
15		9	(h)	Luton T	L	1-3	Cooke	19,163
16		16	(a)	Manchester U	D	0-0		54,575
17		23	(h)	Queen's Park R	D	1-1	Mabbutt	20,334
18		30	(a)	Aston Villa	W	2-1	Mabbutt, Falco	14,099
19	Dec	7	(h)	Oxford U	W	5-1	Falco, C. Allen 2, Hoddle, Waddle	17,698
20		14	(a)	Watford	L	0-1		16,327
21		21	(h)	Ipswich T	W	2-0	C. Allen, Hoddle	18,845
22		26	(h)	West Ham U	W	1-0	Perryman	33,835
23		28	(a)	Chelsea	L	0-2		37,115
24	Jan	1	(a)	Arsenal	D	0-0		45,109
25		11	(h)	Nottingham F	L	0-3		19,043
26		18	(h)	Manchester C	L	0-2		17,009
27	Feb	1	(a)	Everton	L	0-1		33,178
28		8	(h)	Coventry C	L	0-1		13,135
29		22	(a)	Sheffield W	W	2-1	Chiedozie, Howells	23,232
30	Mar	2	(h)	Liverpool	L	1-2	Waddle	16,436
31		8	(h)	West Brom A	W	5-0	Mabbutt, Falco 2, Galvin, Waddle	10,841
32		15	(a)	Birmingham C	W	2-1	Stevens, Waddle	9,394
33		22	(a)	Newcastle U	D	2-2	Hoddle, Waddle	30,645
34		29	(h)	Arsenal	W	1-0	Stevens	33,427
35		31	(a)	West Ham U	L	1-2	Ardiles	27,497
36	Apr	5	(a)	Leicester C	W	4-1	Bowen, Falco 3	9,574
37		12	(a)	Luton T	D	1-1	C. Allen	13,141
38		16	(h)	Birmingham C	W	2-0	Chiedozie, Falco	9,359
39		19	(h)	Manchester U	D	0-0		32,357
40		26	(a)	Queen's Park R	W	5-2	Falco 2, C. Allen 2, Hoddle	17,768
41	May	3	(h)	Aston Villa	W	4-2	Falco 2, C. Allen 2	14,854
42		5	(h)	Southampton	W	5-3	Galvin 3, C. Allen, Waddle	13,036

FINAL LEAGUE POSITION: 10th in Division One

Appearances

Sub. Appearances

Goals

Clemence	Thomas	Hughton	Allen P	Miller	Perryman	Ardiles	Falco	Waddle	Hazard	Galvin	Leworthy	Roberts	Hoddle	Crook	Chiedozie	Mabbutt	Stevens	Cooke	Allen C	Dick	Howells	Bowen	
1	2	3	4	5	6*	7	8	9	10	11	12												1
1	2	3	4	5	6	7	8	9	10	11													2
1	2	3		6	5		7	8	9	10	11*	12	4										3
1	2	3		6	5	7*	8	9		11		4	10	12									4
1	2	3		6	5		7	8	9	11*		4	10		12								5
1	2	3		6	5		7	8	11			12	4	10*		9							6
1	2	3		6	5		7	8*	11	12		4	10			9							7
1	2	3	6*	5	12		7	8	11			4	10			9							8
1	2	3	6	5		7*	8	11				4	10			9	12						9
1	2	3	5		6	7*	8	11				4	10			9	12						10
1	2	3	9	5	6	7	8*	11				4	10		12								11
1		3		5	6	7*	8	11	9			4	10	12		2							12
1		3		5	6		8	11	9			4	10	7		2							13
1		3			6	7	8	11	9*	10	4		12			5	2						14
1		3			6		8	11		9	4	10	7*			5	2	12					15
1		3	7		6		8	11		9		4	10			5	2						16
1		3	7		6		8	11		9		4	10			5	2						17
1		3	7		6		8	11				4	10			5	2	9					18
1	6	3	12			7	8	11		4*	10					5	2	9					19
1	2	3	7		6	12	8			11		4				5	10	9*					20
1	2	3	12		6	7	8	11				10*				5	4	9					21
1	2	3	12		6	7*	8	11				10				5	4	9					22
1	2*	3	7		6	12	8	11				10				5	4	9					23
1		3			6	7	8	11				4	10			5	2	9					24
1		3	8		6	7		11*				4	10		9	5	2	12					25
1		3	7	5	6		8	11			4		12			10	2	9*					26
1		3	12	5	6		8	11				10				7	4	2	9*				27
1			8	5	6			11			3*	10				7	4	2	12	9			28
1	3		2	5	6		8	11					7		4	10			9				29
1	3		2	5	6		8	11				10				7	4	9					30
1	3		2	5			8	11	9*		4	10				7	6	12					31
1	3		2	5			8	11	9		4	10				7	6						32
1	3		2*	5		12	8	11	9		4	10				7	6						33
1	3		2	5			8	11	9		4	10				7	6						34
1	3		2	5		10*	8	11	9		4					7	6	12					35
1		3	2	5		7*	8	11	9						12	4		10		6			36
1		3	2	5			8	11	9							7	4	6		10			37
1		3	2	5			8*		11	10						7	4	6		9	12		38
1	2	3			5		8			11	4	10				12	7	6	9*				39
1	3				5		8	11*		6	4	10				12	7	2	9				40
1	2	3			5		8	11		6	4	10					7		9				41
1	2	3			5		8	11		6	4	10*				7	12	9					42
42	27	33	29	29	22	20	40	39	3	23	2	32	31	1	13	29	28	16	1	1	1		
				4		1	3				1				3		3	5	3	1	2	3	1
	1	1	1	2	1	1	19	11	1	4		1	7			7	3	2	1	9		1	1

45

1986-87

1	Aug	23	(a)	Aston Villa	W 3-0	C. Allen 3	24,712
2		25	(h)	Newcastle U	D 1-1	C. Allen	25,381
3		30	(h)	Manchester C	W 1-0	Roberts	23,164
4	Sep	2	(a)	Southampton	L 0-2		17,911
5		6	(a)	Arsenal	D 0-0		44,703
6		13	(h)	Chelsea	L 1-3	C. Allen (pen)	28,202
7		20	(a)	Leicester C	W 2-1	C. Allen 2	13,141
8		27	(h)	Everton	W 2-0	C. Allen 2	28,007
9	Oct	4	(h)	Luton T	D 0-0		22,738
10		11	(a)	Liverpool	W 1-0	C. Allen	43,139
11		18	(h)	Sheffield W	D 1-1	C. Allen	26,876
12		25	(a)	Queen's Park R	L 0-2		18,579
13	Nov	1	(h)	Wimbledon	L 1-2	M. Thomas	21,820
14		8	(a)	Norwich C	L 1-2	Claesen	22,019
15		15	(h)	Coventry C	W 1-0	C. Allen	20,255
16		22	(a)	Oxford U	W 4-2	C. Allen 2, Waddle 2	12,143
17		29	(h)	Nottingham F	L 2-3	C. Allen 2	30,042
18	Dec	7	(a)	Manchester U	D 3-3	Mabbutt, C. Allen, Moran (og)	35,267
19		13	(h)	Watford	W 2-1	Gough, Hoddle	23,137
20		20	(a)	Chelsea	W 2-0	C. Allen 2	21,576
21		26	(h)	West Ham U	W 4-0	Hodge, C. Allen 2, Waddle	39,019
22		27	(a)	Coventry C	L 3-4	C. Allen 2, Claesen	22,175
23	Jan	1	(a)	Charlton A	W 2-0	Claesen, Galvin	19,744
24		4	(h)	Arsenal	L 1-2	M. Thomas	37,723
25		24	(a)	Aston Villa	W 3-0	Hodge 2, Claesen	19,121
26	Feb	14	(a)	Southampton	W 2-0	Hodge, Gough	22,066
27		25	(h)	Leicester C	W 5-0	C. Allen 2 (1 pen), P. Allen, Claesen 2	16,038
28	Mar	7	(h)	Queen's Park R	W 1-0	C. Allen (pen)	21,071
29		22	(h)	Liverpool	W 1-0	Waddle	32,763
30		25	(a)	Newcastle U	D 1-1	Hoddle	30,836
31		28	(a)	Luton T	L 1-3	Waddle	13,447
32	Apr	4	(h)	Norwich C	W 3-0	C. Allen 3	22,400
33		7	(a)	Sheffield W	W 1-0	C. Allen	19,488
34		15	(a)	Manchester C	D 1-1	Claesen	21,460
35		18	(h)	Charlton A	W 1-0	C. Allen	26,926
36		20	(a)	West Ham U	L 1-2	C. Allen	23,972
37		22	(h)	Wimbledon	D 2-2	Claesen, Bowen	7,917
38		25	(h)	Oxford U	W 3-1	P. Allen, Waddle, Hoddle	20,064
39	May	2	(a)	Nottingham F	L 0-2		19,837
40		4	(h)	Manchester U	W 4-0	M. Thomas 2, C. Allen (pen), P. Allen	36,692
41		9	(a)	Watford	L 0-1		20,024
42		11	(a)	Everton	L 0-1		28,287

FINAL LEAGUE POSITION: 3rd in Division One

Appearances
Sub. Appearances
Goals

Clemence	Stevens	Thomas M	Roberts	Gough	Mabbutt	Allen C	Falco	Waddle	Hoddle	Galvin	Allen P	Chiedozie	Thomas D	Ardiles	Howells	Claesen	Hughton	Miller	Polston	Close	Parks	Hodge	O'Shea	Bowen	Ruddock	Samways	Stimson	Moran	Gray	Moncur	
1	2	3	4	5	6	7	8	9	10*	11	12																				1
1	2	3	4	5	6	7	8	9	10	11																					2
1	2	3	4	5	6	7		9	10	11		8																			3
1	2	3	4*	5	6	7	8	9	10	11			12																		4
1	2	3	4	5	6	7	8*	9	10	11					12																5
1	2	3	4	5*	6	7	8	9	10	11	12																				6
1	2*	3	4	5	6	7		9	10		11		8	12																	7
1		3	4	5	6	7	12	9	10	11*	8		2																		8
1		3	4	5	6			9	10	11	8*		2	12	7																9
1	2	3	4	5	6	7		9	10	11*	12				8																10
1	2	3	4	5	6	7		9	10		11				8																11
1	2*	3	4	5	6	7		9	10		11			12	8																12
1	2*	3	4	5	6	7		9	10		11			12	8																13
1		3	4	6	10	7		9	12		11				8	2*	5														14
1		3		5	6	7		9	10		11				8	2*	4														15
1		3		5	6	7		9	10		2		12	11	8*		4														16
1		3	4		6	7		9	10		2		12	11*			5	8													17
1		3	4	5	6	7		9	10	8	2		12	11*																	18
1		3	4	5	6	7		9	10	11*	8		2	12																	19
		3		5	6	7		9	10	11	8		2	4									1								20
1	3*		5	6	7			9	10	11	8		2	12								4									21
1			5	6	7			9	10	11	8		2	3*		12						4									22
1			5	6	7			9	10	12	8		2			11			3			4*									23
1		3		5	6	7		9	10	11	8		2	4*		12						4									24
1		3		5	6	7		9	10	12	8		2			11*						4									25
1		3		5	6	7		9	10		8		2	11*		12						4									26
1	10	3		5	6	7		9			8		2			11						4									27
1	10	3		5	6	7		9		11	8		2*			12						4									28
1	2	3		5	6	7		9	10		8					11						4									29
1	2	3		5	6	7		9	10		8					11						4									30
1	2	3		5	6	7		9	10		8					12	11					4*									31
1		3		5	6	7		9	10	12	8*					11	2					4									32
1	2	3		5	6	7		9		10	8					11*						4	12								33
1	2*	3		5	6	7		9	10		8					11						4	12								34
1		3		5		7			10	12	8					9*	11	2				4		6							35
1		3		5		7		9	10	11*	8					12	2	6				4									36
1		3		5		12				11	8			4		9*		2					7	10	6						37
1		3		5	6	7*		9	10		8					11	12	2				4									38
1		3		5				9		7*	8					11	10	2				4			6	12					39
1		3		5	6	7		9*	10		8					11	12	2				4									40
1	2	3		5	6	7		9	10		8					11*	12					4									41
	4															9	2		5	12	1				6	11	3	7*	8	10	42
40	20	39	17	40	37	38	5	39	35	20	34	1	13	15	1	18	9	2	6	1	2	19	1	1	4	1	1	1	1	1	
						1	1		1	4	3		4	9	8				1			1	1		1						
		4	1	2	1	33		6	3	1	3				8							4	1								

47

1987-88

1	Aug	15	(a)	Coventry C	L	1-2	Mabbutt	23,947
2		19	(h)	Newcastle U	W	3-1	C. Allen, Waddle, Hodge	26,261
3		22	(h)	Chelsea	W	1-0	Claesen	37,079
4		29	(a)	Watford	D	1-1	C. Allen (pen)	19,073
5	Sep	1	(h)	Oxford U	W	3-0	C. Allen, Claesen 2	21,811
6		5	(a)	Everton	D	0-0		32,389
7		12	(h)	Southampton	W	2-1	C. Allen (pen), Claesen	24,728
8		19	(a)	West Ham U	W	1-0	Fairclough	27,750
9		26	(a)	Manchester U	L	0-1		47,601
10	Oct	3	(h)	Sheffield W	W	2-0	P. Allen, Claesen	24,311
11		10	(a)	Norwich C	L	1-2	Claesen	18,669
12		18	(h)	Arsenal	L	1-2	Claesen	36,680
13		24	(a)	Nottingham F	L	0-3		23,543
14		31	(h)	Wimbledon	L	0-3		22,282
15	Nov	4	(a)	Portsmouth	D	0-0		15,302
16		14	(h)	Queen's Park R	D	1-1	P. Allen	28,113
17		21	(a)	Luton T	L	0-2		10,091
18		28	(h)	Liverpool	L	0-2		47,362
19	Dec	13	(h)	Charlton A	L	0-1		20,392
20		20	(a)	Derby Co	W	2-1	C. Allen, Claesen	17,593
21		26	(a)	Southampton	L	1-2	Fairclough	18,456
22		28	(h)	West Ham U	W	2-1	Fairclough, Waddle	39,456
23	Jan	1	(h)	Watford	W	2-1	C. Allen, Moran	25,235
24		2	(a)	Chelsea	D	0-0		29,317
25		16	(h)	Coventry C	D	2-2	C. Allen 2	25,650
26		23	(a)	Newcastle U	L	0-2		24,616
27	Feb	13	(a)	Oxford U	D	0-0		9,906
28		23	(h)	Manchester U	D	1-1	C. Allen	25,731
29		27	(a)	Sheffield W	W	3-0	C. Allen, P. Allen, Claesen	18,046
30	Mar	1	(h)	Derby Co	D	0-0		15,986
31		6	(a)	Arsenal	L	1-2	C. Allen	37,143
32		9	(h)	Everton	W	2-1	Fairclough, Walsh	18,662
33		12	(h)	Norwich C	L	1-3	Claesen	19,322
34		19	(a)	Wimbledon	L	0-3		8,616
35		26	(h)	Nottingham F	D	1-1	Foster (og)	25,306
36	Apr	2	(h)	Portsmouth	L	0-1		18,616
37		4	(a)	Queen's Park R	L	0-2		14,738
38		23	(a)	Liverpool	L	0-1		44,798
39	May	2	(a)	Charlton A	D	1-1	Hodge	13,977
40		4	(h)	Luton T	W	2-1	Mabbutt, Hodge	15,437

FINAL LEAGUE POSITION: 13th in Division One

Appearances
Sub. Appearances
Goals

Clemence	Stevens	Thomas	Gough	Fairclough	Mabbutt	Allen C	Allen P	Waddle	Hodge	Claesen	Metgod	Ardiles	Polston	Moran	Samways	Close	Howells	Parks	Hughton	Moncur	Ruddock	O'Shea	Statham	Fenwick	Mimms	Walsh	Gray	
1	2	3	4	5	6	7	8*	9	10	11†	12	13																1
1	2*	3	4	5	6	7	8	9	10		11		12															2
1		3	4	5	6	7	8	9	10	12	11*	2																3
1		3	4	5	6	7	8	9	10	11		2																4
1		3*	4	5	6	7	8†	9	10	11	13	2	12															5
1		3	4	5	6	7	8	9	10*	11	12	2																6
1	2*	3	4	5	6	7	8		10	11	12	9																7
1	2	3	4	5		7†	8		10	11	12	9		6*	13													8
1	2	3	4	5	6		8		10	11	13	9†		7*	12													9
1	2	3		5	6	7*	8		10	11		9			4	12												10
1	2	3		5	6		8		10	11		9*			4	7	12											11
	2	3		5	6	13	8	9	10†	11		4			12	7*		1										12
	10	3		5	6	7	8			11		9			4†	12		1	2*	13								13
	10	3*		5	6	7	8			11		9			4†	12		1	2		13							14
	2			5	6	12	8			11		9		7*	10			1	3		4							15
	2			5	6	7	8		10	11*		9			12			1	3		4							16
	2*	12		5	6	7	8†		10			9			4	13	11	1	3									17
	11	3		5	6	7	8	9	10	12							1	2*		4†	13							18
	10	3		5	6	7	8	9		11					4			1	2									19
	2	3		5	6*	7	8†	9		11		10		13	4			1	12									20
	6	3		5		7†		9	8	10		11	4*		13	1	2					12						21
	6*	3		5			8	9	4	10		7†		13	11	1	2					12						22
		3		5	6	7	8	9	4	10		11*			12	1						2						23
		3		5	6	7*	8†	9	10			11			12	1	2					13	4					24
		3		5	6	7	8	9		10*		11†			13	1	2					12	4					25
		3		5	6	7	8	9		10		11†			13	1	2*		12			4						26
		3		5	6	7	8	9		11					10		1						2	4				27
		3		5	6	7	8	9				10											2	4	1	11		28
		3		5	6	7	8			12					10			9					2	4	1	11*		29
		3		5	6	7	8					12			10			9*					2	4	1	11		30
		3		5	6	7	8					9			10								2	4	1	11		31
		3		5	6	7	8					9			10*				12				2	4	1	11		32
		3		5	6	7	8			12		9			10*								2	4	1	11		33
		3		5	6	7	8	12				9*			10								2	4	1	11		34
		3		5	6		8		9	11†				12	10		13						2	4*	1	7		35
				5	6		8	9†	11			13	10		12		3*						2	4	1	7		36
				5	6		8	13	9*		3	12	10		11†								2	4	1	7		37
		3		5	6	12	8	9	11		4*				10								2		1	7		38
		3		5	6	7*	8	9	11	12	13				10†								2	4	1			39
		3		5	6	7†	8	9	11		10				12								2	4*	1		13	40
11	18	35	9	40	37	31	39	21	25	19	5	26		9	21	2	3	16	12	3	3	14	17	13	11			
	1					3		1	1	5	7	2	2	4	5	5	8		1	2	2	1	4			1		
			4	2	11		2	3	10			1														1		

1988-89

#	Month	Date	H/A	Opponent	Result	Score	Scorers	Attendance
1	Sep	3	(a)	Newcastle U	D	2-2	Fenwick, Waddle	32,977
2		10	(h)	Arsenal	L	2-3	Gascoigne, Waddle	32,621
3		17	(a)	Liverpool	D	1-1	Fenwick	40,929
4		24	(h)	Middlesbrough	W	3-2	Fenwick (pen), Waddle, Howells	23,427
5	Oct	1	(h)	Manchester U	D	2-2	Walsh, Waddle	29,318
6		8	(a)	Charlton A	D	2-2	Fenwick (pen), Allen	14,384
7		22	(a)	Norwich C	L	1-3	Fairclough	20,330
8		25	(h)	Southampton	L	1-2	Ray Wallace (og)	19,517
9		29	(a)	Aston Villa	L	1-2	Fenwick	26,238
10	Nov	5	(h)	Derby Co	L	1-3	Stewart	22,868
11		12	(h)	Wimbledon	W	3-2	Butters, Fenwick (pen), Samways	23,589
12		20	(a)	Sheffield W	W	2-0	Stewart 2	15,386
13		23	(h)	Coventry C	D	1-1	Stewart	21,961
14		26	(h)	Queen's Park R	D	2-2	Gascoigne, Waddle	26,698
15	Dec	3	(a)	Everton	L	0-1		29,657
16		10	(h)	Millwall	W	2-0	Gascoigne, Waddle	27,660
17		17	(a)	West Ham U	W	2-0	Thomas, Mabbutt	28,365
18		26	(h)	Luton T	D	0-0		27,337
19		31	(h)	Newcastle U	W	2-0	Walsh, Waddle	27,739
20	Jan	2	(a)	Arsenal	L	0-2		45,129
21		15	(h)	Nottingham F	L	1-2	Waddle	16,903
22		21	(a)	Middlesbrough	D	2-2	Stewart 2	23,692
23	Feb	5	(a)	Manchester U	L	0-1		41,423
24		11	(h)	Charlton A	D	1-1	Stewart	22,803
25		21	(h)	Norwich C	W	2-1	Gascoigne, Waddle	19,126
26		25	(a)	Southampton	W	2-0	Nayim, Waddle	16,702
27	Mar	1	(h)	Aston Villa	W	2-1	Waddle 2	19,090
28		11	(a)	Derby Co	D	1-1	Gascoigne	18,206
29		18	(a)	Coventry C	D	1-1	Waddle	17,156
30		22	(a)	Nottingham F	W	2-1	Howells, Samways	23,098
31		26	(h)	Liverpool	L	1-2	Fenwick (pen)	30,012
32		28	(a)	Luton T	W	3-1	Howells, Walsh, Gascoigne	11,146
33	Apr	1	(h)	West Ham U	W	3-0	Fenwick (pen), Nayim, Stewart	28,375
34		12	(h)	Sheffield W	D	0-0		17,270
35		15	(a)	Wimbledon	W	2-1	Waddle, Stewart	12,366
36		22	(h)	Everton	W	2-1	Walsh 2	28,568
37		29	(a)	Millwall	W	5-0	Walsh, Stewart 3, Samways	16,551
38	May	13	(a)	Queen's Park R	L	0-1		21,873

FINAL LEAGUE POSITION: 6th in Division One

Appearances

Sub. Appearances

Goals

Mimms	Statham	Hughton	Fenwick	Fairclough	Mabbutt	Walsh	Gascoigne	Waddle	Thomas	Allen	Moran	Howells	Samways	Stewart	Stevens	Moncur	Stimson	Butters	Gray	Robson	Polston J	Bergsson	Thorstvedt	Nayim	
1	2	3	4	5	6	7*	8†	9	10	11	12	13													1
1	2*		4	5	6	7	8	9	3	11	13	12	10†												2
1	2	12	4	5	6	7*	8	9†	3	11		13	10												3
1	2*		4	5	6	7†	8	9	3	11	13	12	10												4
1	2	5	4		6	7	8*	9†	3	11		12	10	13											5
1	2		4		6	7*	8	9	3	5		12	10	11											6
1			4	5	6		8	9	3	11		12	10*	7	2										7
1			4	5	6	7	8	9	3	11			10	2											8
1			4	5	6		8	9	3	11†		7*	10	2	12	13									9
1			4	5	6		8	9	3	11†	7*	12	13	10	2										10
1			4	5	6		8	9	3		7	11	10	2*			12								11
1			4	5	6		8†	9	3	13	7*	12	11	10			2								12
1			4	5	6	12	8	9	3	13	7*		11†	10			2								13
1			4	5	6	7†	8	9	3*	11			12	10			2	13							14
1			4	5	6	12	8	9	3	11		7*		10			2								15
1			4	5	6	7	8	9	3	11				10			2								16
1			4	5	6	7*	8†	9	3	11				10			2		12	13					17
1			4		6	7*	8†	9	3	11	12		13	10			2			5					18
1			4	5	6	7*		9	3	11		12		10			2			8					19
1			4	5	6	7		9	3	11				10			2			8					20
		3*	4	5	6	7†	12	9		11		13		10			2			8	1				21
		3	4		6	12	8†	9	13	11		7*		10			2			5	1				22
		3	4		6	13	8	9	12	11		7†		10			2			5*	1				23
		3	4		6	12	8	9		11		7*		10			2			5	1				24
		3			6	7	8	9	5	11		12					2		10*		1	4			25
		3		5	6	7		9	8	11		12					2		10*		1	4			26
		3	4	5	6	7		9		11							2		10		1	8			27
		3	4		6	7†	8	9	12	11				10			2		13		1	5*			28
		3	4		6	7	8*	9		11		12		10			2				1	5			29
		3	4		6	7		9		11		8	12	10			2				1	5*			30
		3	4		6	7†		9		11		8	13	10			2		12		1	5*			31
		3	4		6	7	8	9		11		5		10			2				1				32
		3	4		6	7	8	9		11		12		10			2				1	5*			33
		3			6	7	8	9		11		5	10				2			4	1				34
		3	4		6	7	8	9		11		5		10			2				1				35
		3	4		6	7	8*	9		11†		5	12	10			2				1	13			36
		3	4*		6	7	8	9†		11		5	12	10			2				1	13			37
		3			6	7	8*	9		11†		5	4	10			2		13		1	12			38
20	6	20	34	20	38	28	31	38	22	35	4	12	12	29	5		27	3		8	18	8			
		1				5	1		3	2	4	15	7	1		1	1	1	2	3		3			
		8	1	1	6	6	14	1	1		3	3	12				1					2			

51

1989-90

1	Aug	19	(h)	Luton T	W	2-1	Stewart, Allen	17,665
2		22	(a)	Everton	L	1-2	Allen	34,402
3		26	(a)	Manchester C	D	1-1	Gascoigne	32,004
4	Sep	9	(a)	Aston Villa	L	0-2		24,769
5		16	(h)	Chelsea	L	1-4	Gascoigne	16,260
6		23	(a)	Norwich C	D	2-2	Gascoigne, Lineker	20,095
7		30	(h)	Queen's Park R	W	3-2	Lineker 3	23,781
8	Oct	14	(a)	Charlton A	W	3-1	Gascoigne, Lineker, Thomas	17,692
9		18	(h)	Arsenal	W	2-1	Walsh, Samways	33,944
10		21	(h)	Sheffield W	W	3-0	Lineker 2, Moran	26,909
11		29	(a)	Liverpool	L	0-1		26,550
12	Nov	4	(a)	Southampton	D	1-1	Gascoigne	19,601
13		11	(h)	Wimbledon	L	0-1		26,876
14		18	(a)	Crystal Palace	W	3-2	Howells, Samways, Lineker (pen)	26,366
15		25	(h)	Derby Co	L	1-2	Stewart	28,075
16	Dec	2	(a)	Luton T	D	0-0		12,620
17		9	(h)	Everton	W	2-1	Stewart, Lineker	29,374
18		16	(a)	Manchester U	W	1-0	Linker	36,230
19		26	(h)	Millwall	W	3-1	Samways, Lineker, McLeary (og)	26,874
20		30	(h)	Nottingham F	L	2-3	Lineker 2	33,401
21	Jan	1	(a)	Coventry C	D	0-0		19,599
22		13	(h)	Manchester C	D	1-1	Howells	26,384
23		20	(a)	Arsenal	L	0-1		46,132
24	Feb	4	(h)	Norwich C	W	4-0	Lineker 3 (1 pen), Howells	19,599
25		10	(a)	Chelsea	W	2-1	Howells, Lineker	29,130
26		21	(h)	Aston Villa	L	0-2		32,472
27		24	(a)	Derby Co	L	1-2	Moncur	19,676
28	Mar	3	(h)	Crystal Palace	L	0-1		26,181
29		10	(a)	Charlton A	W	3-0	J. Polston, Lineker, Howells	21,104
30		17	(a)	Queen's Park R	L	1-3	Walsh	16,691
31		21	(h)	Liverpool	W	1-0	Stewart	25,656
32		31	(a)	Sheffield W	W	4-2	Allen, Lineker 2, Stewart	26,582
33	Apr	7	(a)	Nottingham F	W	3-1	Stewart, Allen 2	21,669
34		14	(h)	Coventry C	W	3-2	Lineker 2, Stewart	23,317
35		16	(a)	Millwall	W	1-0	Lineker	10,573
36		21	(h)	Manchester U	W	2-1	Gascoigne, Lineker	33,317
37		28	(a)	Wimbledon	L	0-1		12,800
38	May	5	(h)	Southampton	W	2-1	Stewart, Allen	31,038

FINAL LEAGUE POSITION: 3rd in Division One

Appearances

Sub. Appearances

Goals

Thorsvedt	Butters	Bergsson	Fenwick	Howells	Mabbutt	Samways	Gascoigne	Stewart	Lineker	Allen	Walsh	Sedgley	Stevens	Van den Hauwe	Thomas	Robson	Nayim	Moran	Polston J	Mimms	Hughton	Moncur	Polston A	
1	2	3	4	5	6	7*	8†	9	10	11	12	13												1
1	2		4	5	6	12	8†	9	10	11	13	7*	3											2
1	2		4	5*	6	13	8	9	10	11†	12	7	3											3
1	2*		4	5	6	7*	8	9	10	11	13		12	3										4
1			4	5†	6		8	9	10	11	7		3*	2	12	13								5
1	2		4		6	7*	8	9	10†		13	11		3	5	12								6
1	2		4		6		8	9	10	12		11		3	5*		7							7
1	2*		4		6	13	8	9	10	5		11		3	12		7†							8
1			4	12	6	9*	8		10	5	7	11		3	2									9
1			4	7	6	9	8*		10	5		11		3	2		12							10
1		4		7	6	9			10	5*	13	11		3	2		8†	12						11
1		4		7	6	9*	8		10	5	12	11		3	2									12
1		4		5	6	9†	8	12	10	13	7*	11		3	2									13
1		4		5	6	7	8	9	10*		12		3		2		11							14
1			5*	6	7†	8	9	10	11	12	4		3	2			13							15
1	3		5	6	7	8	9	10*	4	12	11		2											16
1	12		5	6	7*	8	9	10	4		11		3	2										17
			5	6	7	8	9	10	4		11		3	2			1							18
	3		5	6	7	8	9	10	4		11	12	2*				1							19
	2*		5	6	7†	8	9	10	4	13	11	12	3				1							20
	2		5	6	7	8*	9	10	4		11		3				12	1						21
1			5		7		9	10	4		11		3	2			8	6						22
1			5	6	7†		9	10	4	12	11	3*	2				13	8						23
1			5	6		8		10*	7	11		3				9	12	4		2				24
1			5	6		8		10†	7*	11		3				9	12	4		2	13			25
1			5	6		8*		10		7	11		3			9†	13	4		2	12			26
1			5	6				10	12	7	11†		3	13		9		4		2*	8			27
1			5	6		8*		10		7			3		12	9		4		2	11†	13		28
1			5	6		8		10	11	7			3			9		4		2				29
1			5	6		8	12	10	11	7			3			9		4†	2*	13				30
1	2		5*	6		8	13	10	11	7†	4		3	12		9								31
1	2		5	6		8	12	10	11	7*	4		3	13		9†								32
1	2		5*	6		8	7†	10	11	13	4		3	12		9								33
1	2			6		8	7	10	11		4		3	5		9								34
1	2		5	6		8*	7	10	11	13	4		3	12		9†								35
1	2		5	6	12	8	7	10	11	4			3	9*										36
1	2*		5				12	8	7	10	11	4		3†	13	9		6						37
1	2*		5	6			8	7	10	11	4		3	12		9								38
34	7	17	10	33	36	18	34	24	38	29	12	31	4	31	17	18		11	4	8	2			
		1		1		5		4		3	14	1	3		9	3	1	5	2		3	1		
		5		3	6	8	24	6	2					1			1	1			1			

53

1990-91

1	Aug	25	(h)	Manchester C	W 3-1	Gascoigne, Lineker 2	33,501
2		28	(a)	Sunderland	D 0-0		30,214
3	Sep	1	(a)	Arsenal	D 0-0		40,009
4		8	(h)	Derby Co	W 3-0	Gascoigne 3	23,614
5		15	(a)	Leeds U	W 2-0	Howells, Lineker	31,342
6		22	(h)	Crystal Palace	D 1-1	Gascoigne	34,859
7		29	(h)	Aston Villa	W 2-1	Lineker, Allen	34,939
8	Oct	6	(a)	Queen's Park R	D 0-0		21,405
9		20	(h)	Sheffield U	W 4-0	Nayim, Walsh 3	34,612
10		27	(a)	Nottingham F	W 2-1	Howells 2	27,347
11	Nov	4	(h)	Liverpool	L 1-3	Lineker	35,003
12		10	(h)	Wimbledon	W 4-2	Mabbutt, Stewart, Lineker (pen), Walsh	28,769
13		18	(a)	Everton	D 1-1	Howells	23,716
14		24	(h)	Norwich C	W 2-1	Lineker 2	33,942
15	Dec	1	(a)	Chelsea	L 2-3	Gascoigne, Lineker	33,478
16		8	(h)	Sunderland	D 3-3	Lineker, Walsh 2	30,431
17		15	(a)	Manchester C	L 1-2	Gascoigne	31,236
18		22	(h)	Luton T	W 2-1	Stewart 2	27,007
19		26	(a)	Coventry C	L 0-2		22,731
20		29	(a)	Southampton	L 0-3		21,405
21	Jan	1	(h)	Manchester U	L 1-2	Lineker (pen)	29,399
22		12	(h)	Arsenal	D 0-0		34,753
23		20	(a)	Derby Co	W 1-0	Lineker	17,747
24	Feb	2	(h)	Leeds U	D 0-0		32,253
25		23	(a)	Wimbledon	L 1-5	Bergsson	10,500
26	Mar	2	(h)	Chelsea	D 1-1	Lineker (pen)	26,168
27		16	(a)	Aston Villa	L 2-3	Samways, Allen	32,638
28		23	(h)	Queen's Park R	D 0-0		30,860
29		30	(h)	Coventry C	D 2-2	Nayim 2	29,033
30	Apr	1	(a)	Luton T	D 0-0		11,322
31		6	(h)	Southampton	W 2-0	Lineker 2	24,291
32		10	(a)	Norwich C	L 1-2	Hendry	19,014
33		17	(a)	Crystal Palace	L 0-1		26,285
34		20	(a)	Sheffield U	D 2-2	Edinburgh, Walsh	25,706
35		24	(h)	Everton	D 3-3	Allen, Mabbutt, Nayim	21,675
36	May	4	(h)	Nottingham F	D 1-1	Nayim	30,891
37		11	(a)	Liverpool	L 0-2		36,192
38		20	(a)	Manchester U	D 1-1	Hendry	46,791

FINAL LEAGUE POSITION: 11th in Division One

Appearances

Sub. Appearances

Goals

Thorstvedt	Bergsson	Van den Hauwe	Sedgley	Howells	Mabbutt	Stewart	Gacoigne	Nayim	Lineker	Allen	Samways	Walsh	Thomas	Moncur	Edinburgh	Tuttle	Moran	Fenwick	Gray	Hendon	Walker	Hendry	Garland	
1	2	3	4	5	6	7	8	9	10	11*	12													1
1	2	3	4	5	6	7*	8	9†	10	11	13	12												2
1	2	3	4	5	6	7	8*	9	10	11		12												3
1	2	3	4	5	6	7*	8	9†	10	11	13	12												4
1	2	3	4	5	6	7	8	9	10	11														5
1	2	3	4	5	6	7	8	9	10	11														6
1	2*	3	4	5†	6	7	8	9	10	11		12	13											7
1		3	4	5	6	7*	8	9†	10	11	12	2	13											8
1		3	4	5	6	7	8*	9		11		10	2	12										9
1		3	4*	5	6	7	8	9	10	11		12	2											10
1	2*	3	4	5	6	7	8	9†	10	11		13	12											11
1		3*	4†	5	6	7	8	9	10	11		13	2	12										12
1		3	4	5	6	7	8	9	10*	11		12	2											13
1		3	4	5	6	7	8	9	10	11			2											14
1		3		5	6	7	8	9†	10	11		13	2		12	4*								15
1		3		5	6	7†	8	9	10	11	13	12	2		4*									16
1		3	4	5*	6	7	8	9†	10	13	12	11	2											17
1		3	4	5	6	7	8	9	10*	13	12	11†	2											18
1		3	4*	5	6	7	8	12	10	9	13	11†	2											19
1	12	3	4	5*	6	7		9†	10	11		8	13	2										20
1		3	4*	5	6	7	8	9	10	11			2				12							21
1			5	6	7	8		10	11		9	2		3		4								22
1		13	4	5		7		6*	10†	11	8	9	12		3		2							23
1		3	4		6	7		5*	10	11	12	9	8				2							24
1	2		4		6			5*	10	11	7		8	9	3			12						25
1		3	4		6	7	8*		5	10	11			13	12	2		9†						26
1		3	4		6	7			10†	11	8		5	9	2*			13	12					27
1			4		6	7		5*	10	11	8	13	3	12	2			9†						28
1		3	4*		6	7		5		11	8	10	13	12	2			9†						29
1		3			6	7		5		11	8	10	2	9		4								30
1		3	4		6	7			10	11	8†	9	5*	13	2			12						31
		3*	4	2			8†	7				9	5	11		6			12	1	10	13		32
		3*	4		6	7	8†	5		11	9	10	2		12				13					33
1	12		4	5		7		8		11	9*	10	3		2	6								34
1			13	5	6	7		4	10†	11	9	8*	3		2	12								35
1	3*		4	5	6		8	7	10	11	9			2										36
1		3	4	5*	6	7			10†	11	9	12		2					13					37
1	12		5	6*	7				10†	9	8	13	2		3				11					38
37	9	31	33	29	35	35	26	32	32	34	14	16	23	4	14	4	4	3	1	2				
	3	1	1				1		2	9	13	8	5	2	2	1		3	2		2	1		
		1		4	2	3	7	5	15	3	1	7		1				2						

1991-92

#	Month	Date	H/A	Opponent	Result	Score	Scorers	Attendance
1	Aug	17	(a)	Southampton	W	3-2	Durie, Lineker 2	18,581
2		24	(h)	Chelsea	L	1-3	Lineker	34,645
3		28	(a)	Nottingham F	W	3-1	Durie, Lineker, Bergsson	24,018
4		31	(a)	Norwich C	W	1-0	Lineker	19,460
5	Sep	7	(a)	Aston Villa	D	0-0		33,096
6		14	(h)	Queen's Park R	W	2-0	Lineker 2	30,059
7		21	(a)	Wimbledon	W	5-3	Samways, Lineker 4 (1 pen)	11,927
8		28	(h)	Manchester U	L	1-2	Durie	35,087
9	Oct	5	(a)	Everton	L	1-3	Lineker	29,505
10		19	(h)	Manchester C	L	0-1		30,502
11		26	(a)	West Ham U	L	1-2	Lineker	23,946
12	Nov	2	(a)	Sheffield W	D	0-0		31,573
13		16	(h)	Luton T	W	4-1	Lineker 2, Houghton 2	27,543
14		23	(h)	Sheffield U	L	0-1		28,168
15	Dec	1	(a)	Arsenal	L	0-2		38,892
16		7	(h)	Notts Co	W	2-1	Mabbutt, Walsh	23,364
17		14	(a)	Leeds U	D	1-1	Howells	31,404
18		18	(h)	Liverpool	L	1-2	Walsh	27,434
19		22	(a)	Crystal Palace	W	2-1	Walsh, Lineker	22,491
20		26	(h)	Nottingham F	L	1-2	Stewart	31,079
21		28	(h)	Norwich C	W	3-0	Nayim, Lineker, Allen	27,969
22	Jan	1	(a)	Coventry C	W	2-1	Stewart, Lineker	19,639
23		11	(a)	Chelsea	L	0-2		28,628
24		18	(h)	Southampton	L	1-2	Mabbutt	23,191
25		25	(h)	Oldham A	D	0-0		20,843
26	Feb	1	(a)	Manchester C	L	0-1		30,123
27		16	(h)	Crystal Palace	L	0-1		19,834
28		22	(h)	Arsenal	D	1-1	Stewart	33,124
29	Mar	7	(h)	Leeds U	L	1-3	Allen	27,622
30		11	(a)	Luton T	D	0-0		11,494
31		14	(h)	Sheffield W	L	0-2		23,047
32		21	(a)	Liverpool	L	1-2	Stewart	39,968
33		28	(h)	Coventry C	W	4-3	Durie 3, Lineker	22,744
34	Apr	1	(h)	West Ham U	W	3-0	Lineker 3	31,809
35		4	(h)	Aston Villa	L	2-5	Lineker, Teale (og)	26,370
36		7	(a)	Notts Co	W	2-0	Lineker 2	9,205
37		11	(a)	Queen's Park R	W	2-1	A. Gray, Durie	20,678
38		14	(a)	Sheffield U	L	0-2		21,526
39		18	(h)	Wimbledon	W	3-2	Lineker 2, Hendry	23,934
40		20	(a)	Oldham A	L	0-1		15,443
41		25	(h)	Everton	D	3-3	Stewart, Minton, Allen	36,340
42	May	2	(a)	Manchester U	L	1-3	Lineker	44,595

FINAL LEAGUE POSITION: 15th in Division One

Appearances
Sub. Appearances
Goals

Thorstvedt	Fenwick	Van den Hauwe	Sedgley	Howells	Mabbutt	Stewart	Durie	Samways	Lineker	Allen	Nayim	Bergsson	Walker	Hendry	Hendon	Tuttle	Houghton	Edinburgh	Walsh	Gray A	Cundy	Minton	
1	2	3	4	5*	6	7	8	9	10	11†	12	13											1
1	2*	3		5	6	7	8	9	10	11	4	12											2
	2	3		5	6	7	8*	9	10	11†	4	13	1	12									3
	2	3		5	6	7	8	9	10		4	11	1										4
	2	3		5	6	7	8	9	10		4	11	1										5
	2	3	13	5*	6	7	8	9†	10	12	4	11	1										6
		3	5		6	7	8	9	10	11†	4	2	1		12								7
			3	12	6	7	8	9	10	11	4*	2†	1			5	13						8
1			3	12	6	7	8	9†	10	11	4*	2			13	5							9
1		3†	7	13	6		8	9	10	11	4*	5						2	12				10
1		3†	5		6	7	8	9	10	11	4*	13					12	2					11
1		3	4†	5	6	7	8		10*	11	9	13					2	12					12
1		3	4	5*	6			9	10	11†	12	7					13	2	8				13
1		3	12	5*	6		8	9	10		4†	7					13	2	11				14
1	2	3		5	6	7	8	9*		11	12	4							10				15
1	2	3	13	5*	6	7	8	9†		11	12	4							10				16
1	2	3	13	5	6	7	8†	9*		11	12	4							10				17
1	2	3		5*	6	7		9	10	11	12	4							8				18
1	2		13	5	6	7		9	10*	11	12	4						3†	8				19
1	2	3	13	5	6	7		9*	10	11	12	4†							8				20
1	2	3	4		6	7		9	10	11	5						12		8*				21
1	2	3	4	5	6	7		9†	10	11							12	13	8*				22
1	2	3	4	5†	6	7*		9		11	10	12					13		8				23
		3*	4		6	7	8	9†	10	11		12	1				13		2	5			24
		3	4		6	7	8		10	11	5*		1				12	2	9				25
	3		4	5*		7	8	9†	10	11	13	6	1						2	12			26
1	2	3	4	5†	6	7	8	9*	10	11		13							12				27
1	2	3	4	5	6	7	8		10	11	9*								12				28
1	2	3†	4	5	6	7	8		10*	11		13							12	9			29
1	2		4	5	6	7	8			11		12						3	10*	9			30
1	2†		4		6	7	8			11	9*	13						12	3	10	5		31
1	2	10	4	5*	6	7	8			11								3	12	9			32
1		2	13		6	7	8		10†	11	9							3	12	4*	5		33
		2†	13		6	7	8		10	11	9		1					3	12	4*	5		34
				7	6		8*		10	11	9	2	1					3	12	4	5		35
		2	12	9	6	7			10†	11			1	13				3	8*	4	5		36
		2	13	9*	6†	7	8		10	11			1					3	12	4	5		37
	13	2	6	9*		7		8†	10	11			1	12				3		4	5		38
		2	13		6	7			10	11	9		1	12				3	8*	4†	5		39
		2†	12		6	7		13	10	11	9		1	8*				3		4	5		40
		2	12		6	7	8		10	11			1					3	13	4†	5	9*	41
		2			12	6	7	8	10	11			1					3		4	5	9*	42
24	22	35	21	27	40	38	31	26	35	38	22	17	18	1		2		22	17	14	10	2	
	1		13	4			1		1	9	11		4	2			10	1	12				
				1	2	5	7	1	28	3	1	1		1			2		3	1		1	

57

1992-93

#		Date		Opponent	Result		Scorers	Attendance
1	Aug	15	(a)	Southampton	D	0-0		16,654
2		19	(h)	Coventry C	L	0-2		24,388
3		22	(h)	Crystal Palace	D	2-2	Durie, Sedgley	25,237
4		25	(a)	Leeds U	L	0-5		28,218
5		30	(a)	Ipswich T	D	1-1	Cundy	20,100
6	Sep	2	(h)	Sheffield U	W	2-0	Sheringham, Durie	21,322
7		5	(h)	Everton	W	2-1	Allen, Turner	26,503
8		14	(a)	Coventry C	L	0-1		15,348
9		19	(h)	Manchester U	D	1-1	Durie	33,296
10		27	(a)	Sheffield W	L	0-2		24,895
11	Oct	3	(a)	Queen's Park R	L	1-4	Sheringham	19,845
12		17	(h)	Middlesbrough	D	2-2	Sheringham (pen), Barmby	24,735
13		25	(a)	Wimbledon	D	1-1	Barmby	8,628
14		31	(h)	Liverpool	W	2-0	Nayim, Ruddock	32,917
15	Nov	7	(a)	Blackburn R	W	2-0	Howells, Sheringham (pen)	17,305
16		21	(h)	Aston Villa	D	0-0		32,852
17		28	(a)	Manchester C	W	1-0	Watson	25,496
18	Dec	5	(h)	Chelsea	L	1-2	Campbell	31,540
19		12	(h)	Arsenal	W	1-0	Allen	33,707
20		19	(a)	Oldham A	L	1-2	Sheringham	11,735
21		26	(a)	Norwich C	D	0-0		19,413
22		28	(h)	Nottingham F	W	2-1	Barmby, Mabutt	32,118
23	Jan	9	(a)	Manchester U	L	1-4	Barmby	35,648
24		16	(h)	Sheffield W	L	0-2		25,702
25		27	(h)	Ipswich T	L	0-2		23,738
26		30	(a)	Crystal Palace	W	3-1	Sheringham 2, Gray	20,937
27	Feb	7	(h)	Southampton	W	4-2	Sheringham 2, Anderton, Barmby	20,098
28		10	(h)	Everton	W	2-1	Mabutt, Allen	16,164
29		20	(h)	Leeds U	W	4-0	Ruddock, Sheringham 3 (1 pen)	32,040
30		27	(h)	Queen's Park R	W	3-2	Sheringham 2, Anderton	32,341
31	Mar	2	(a)	Sheffield U	L	0-6		16,654
32		10	(a)	Aston Villa	D	0-0		37,727
33		20	(a)	Chelsea	D	1-1	Sheringham (pen)	25,157
34		24	(h)	Manchester C	W	3-1	Anderton, Nayim, Turner	27,247
35	Apr	9	(h)	Norwich C	W	5-1	Sheringham 2, Allen, Nayim, Ruddock	31,425
36		12	(a)	Nottingham F	L	1-2	Sedgley	25,682
37		17	(h)	Oldham A	W	4-1	Sheringham 2 (2 pens), Turner, Anderton	26,663
38		20	(a)	Middlesbrough	L	0-3		13,472
39	May	1	(h)	Wimbledon	D	1-1	Anderton	24,473
40		5	(h)	Blackburn R	L	1-2	Anderton	23,097
41		8	(a)	Liverpool	L	2-6	Sedgley, Sheringham	43,385
42		11	(a)	Arsenal	W	3-1	Sheringham, Hendry 2	26,393

FINAL LEAGUE POSITION: 8th in F.A. Premier League

Appearances

Sub. Appearances

Goals

Walker	Fenwick	Edinburgh	Howells	Cundy	Ruddock	Turner	Durie	Samways	Anderton	Allen	Gray	Thorstvedt	Sedgley	Tuttle	Hendry	Austin	Sheringham	Van den Hauwe	Watson	Barmby	Nayim	Mabbutt	Moran	Campbell	Bergsson	Nethercott	Hill	Dearden	Hodges	McDonald	
1	2	3	4	5	6	7*	8	9	10	11	12																				1
1†	2	3	4	5*	6	7	8	9	10	11	12	13																			2
		2†	3		6		8	9	10	11	12	1	4	5	7*	13															3
			3	4	5	6	8	9	10	11		1	7		2																4
1			3		5	6	8	9	7	11*	12	4			2	10															5
1				5	6	13	8	9†	7*	11	12	4			2	10	3														6
1			5		12	8	9	7*	11	4			6		2	10	3														7
1			5	6	12	8	9†	7*	11	4		13			2	10	3														8
1			5	6	9	8			11	4†		7	12	13	2*	10	3														9
1	12		5		4†			9	11			7	6		2*	10	3	13	8												10
1	12	2*	5	6	13		4	9†	11			7†				10	3		8												11
1		2		6		8	4	9†	11			7	5*			10	3		13	12											12
1*		2		6		8†	4		11		12	7				3	10		13	9	5										13
		2	12	6	13	8			11		1	7				3*	10		4†	9	5										14
		2	7	6		8	4		11		1					3	10			9	5										15
		2	7	13	6		8*	4		11†	1					3	10			12	9	5									6
		2	7*	12	6			4			1					3	10	11†	8	9	5	13									17
		3	7		6			4	12		1					2	10	11†	8*	9	5		13								18
		3	7		6		8*	4		11	1					2	10		12	9	5										19
		3	7		6		8	4		11	1					2	10		12	9*	5										20
		3	7		6			4	9	11	1					2	10		8*		5	12									21
		3	7		6			4	9*	11	1					2	10		8†		5	12	13								22
		3	7		6			4	12	11	1					2†	10		8	9*	5		13								23
		3†	7*		6			4	9	11	1				13	2	10		8		5		12								24
		3	12		6		8*	4	9	11	1					2†	10	13	7		5										25
		3	7		6			4	9	11	8*	1				2	10	12			5										26
		3	7*		6			4	9	11	12	1				2	10	13	8†		5										27
		3	7		6			4	9	11	8*	1				2†	10	13		12	5										28
		3	7*		6			4	9	11	12	1				2	10	13	8†		5										29
		3			6			4	9	11	7	1				2	10		8*	12	5										30
					6			4	9	11	7*	1	12		13	2	10	3		8†	5										31
		3			6	12		4	9		11*	1	7			2	10			8	5										32
		3			6	11†			9		4	1				2	10		7*	8			12	5	13						33
					6†	13		4	9*	11		1	7			2	10	3		8	5		12								34
					6	13			9†	11	1	7			2	10		4*	8	5		12								35
					6	13			9	11	1*	7			2	10		4	8†	5			12							36
1		3			6	12	4*	9	11		7			2	10			8	5											37
1	13	3			6	12		4	9	11*		7			2†	10			8	5										38
					6	8		4	9	11*	12		7			10	3			5				2†			13			39
					6	8†		4	9	11			7			10	3			5				2*	12	13					40
1					6				9	11			7			10	3*	8†		5				12	4		13	2			41
1					6				9	11			7			10	3		8*	5					4		12	2			42
17	3	31	16	13	38	7	17	34	32	38	9	25	20	4	2	33	38	13	29					3	2			2			
	2	1	2	2		11		2		8	2	1	3	1		5	1	5	3		3	1	5	2	2	1	4				
			1	1	3	3	3		5	5	1		3	2		21		1	5	3	2		1								

1993-94

#	Month	Date	H/A	Opponent	Result	Score	Scorers	Attendance
1	Aug	14	(a)	Newcastle U	W	1-0	Sheringham	34,565
2		16	(h)	Arsenal	L	0-1		28,355
3		21	(h)	Manchester C	W	1-0	Sedgley	24,535
4		25	(a)	Liverpool	W	2-1	Sheringham 2 (1 pen)	42,456
5		28	(a)	Aston Villa	L	0-1		32,498
6	Sep	1	(h)	Chelsea	D	1-1	Sheringham (pen)	27,567
7		11	(a)	Sheffield U	D	2-2	Sheringham 2	21,325
8		18	(h)	Oldham A	W	5-0	Sheringham 2, Sedgley, Durie, Dozzell	24,614
9		26	(a)	Ipswich T	D	2-2	Sheringham, Dozzell	19,437
10	Oct	3	(h)	Everton	W	3-2	Sheringham, Anderton, Caskey	27,487
11		16	(a)	Manchester U	L	1-2	Caskey	44,655
12		23	(h)	Swindon T	D	1-1	Dozzell	31,394
13		30	(a)	Blackburn R	L	0-1		17,462
14	Nov	6	(a)	Southampton	L	0-1		16,017
15		20	(h)	Leeds U	D	1-1	Anderton	31,275
16		24	(h)	Wimbledon	D	1-1	Barmby	17,744
17		27	(a)	Queen's Park R	D	1-1	Anderton	17,694
18	Dec	4	(h)	Newcastle U	L	1-2	Barmby (pen)	30,780
19		6	(a)	Arsenal	D	1-1	Anderton	35,669
20		11	(a)	Manchester C	W	2-0	Dozzell 2	21,566
21		18	(h)	Liverpool	D	3-3	Samways, Hazard (pen), Caskey	31,394
22		27	(a)	Norwich C	L	1-3	Barmby	31,130
23		28	(a)	West Ham U	W	3-1	Dozzell, Hazard, Anderton	20,787
24	Jan	1	(h)	Coventry C	L	1-2	Caskey	26,015
25		3	(a)	Sheffield W	L	0-1		32,514
26		15	(h)	Manchester U	L	0-1		31,343
27		22	(a)	Swindon T	L	1-2	Barmby	16,464
28	Feb	5	(h)	Sheffield W	L	1-3	Rosenthal	23,078
29		12	(h)	Blackburn R	L	0-2		30,236
30		27	(a)	Chelsea	L	3-4	Sedgley, Dozzell, Gray (pen)	19,398
31	Mar	2	(h)	Aston Villa	D	1-1	Rosenthal	17,452
32		5	(h)	Sheffield U	D	2-2	Scott, Dozzell	25,741
33		19	(h)	Ipswich T	D	1-1	Barmby	26,653
34		26	(a)	Everton	W	1-0	Sedgley	23,460
35	Apr	2	(h)	Norwich C	W	2-1	Sheringham, Woodthorpe (og)	21,181
36		4	(h)	West Ham U	L	1-4	Sheringham (pen)	31,502
37		9	(a)	Coventry C	L	0-1		14,487
38		17	(a)	Leeds U	L	0-2		33,658
39		23	(h)	Southampton	W	3-0	Sedgley, Samways, Anderton	25,959
40		30	(a)	Wimbledon	L	1-2	Sheringham (pen)	20,875
41	May	5	(a)	Oldham A	W	2-0	Samways, Howells	14,283
42		7	(h)	Queen's Park R	L	1-2	Sheringham	26,105

FINAL LEAGUE POSITION: 15th in F.A. Premiership

Appearances
Sub. Appearances
Goals

Thorstvedt	Austin	Campbell	Samways	Calderwood	Mabbutt	Sedgley	Durie	Dozzell	Sheringham	Howells	Turner	Caskey	Anderton	Allen	Moran	Carr	Kerslake	Hill	Barmby	Edinburgh	Robinson	Hendry	Hazard	Nethercott	Walker	Mahorn	Scott	Rosenthal	Gray	
1	2	3	4	5	6	7	8*	9	10	11	12																			1
1	2	3	4	5	6	7	8	9	10	11*		12																		2
1	2	3	4	5	6	7	8*	9	10	11†		12	14																	3
1	2	3	4	5	6	7	8	9	10	11*		12																		4
1	2	3	4	5	6	7	8	9	10	11*		12†	14																	5
1	2	3*	4	5	6	7	8	9	10	12			11																	6
1	2	3*	4	5	6	7	8	9	10				11	12																7
1	2*	3	4	5†	6	7	8	9	10			12	11		14															8
1		3	4	5	6	7	8	9	10			12	11			2*														9
1		3†	4	5	6	7		9	10			8	11		12		2	14*												10
1		3	4		6	7		9	10*	5		11			12†		2		8	14										11
1		3	4	5	6	7		9		10†			11		12		2	14	8*											12
1		3		5	6	4		9		10			11*		12				8	2	7†	14								13
1		3	4	5	6	7		9*				12	11						8	2		10								14
1		3	4	5	6	7	8			12			9						10*	2		11								15
1		3	4	5	6†	7				10		12	9						8	2		11								16
1		3	4	5		6			7*	10	9								8	2	12†	11	14							17
1	14	11*	4	5		6				12			10	9					2†	8	3		7							18
1	12	11	4*	5		6				10			7†	9					2		3		14	8						19
1		11	4	5		6				10			7	9					2		3		8							20
1			4	5		6				10			7	9					2	8	3		11							21
1			4	5		6				10			7	9					2	8	3		11							22
1		12	4	5		6				10			7	9					2	8*	3		11							23
1		12	4	5		6				10			7	9					2	8	3		11*							24
1		12	4	5		6				10			7	9					2	8*	3		11							25
	12	11	4	5		6							10	9					2	8†	3*		14	7		1				26
1†	2	12	4	5		6							7	9*					8	3			10	14	11					27
	2		4			6							7*	9					8	3			10	1			5	11	12	28
	2		4			6							7	9					8	3			10	1			5	11		29
	2	12	4		6	7	10†							9					3*			8	1			5	11	14		30
	2	3	4		6	7		10						9					8				1			5	11			31
	2*	3	4		6	7		10				12	9						8				1			5	11			32
	2*	3		6	4			10				7	9			12			8				1			5	11			33
	12	4		6	7			14					9			2			8	3*			10	1			5†	11		34
	3	4		6	7			10	12				9			2			8					1			5	11*		35
	3	4		6	7			10†	12	14			9			2			8					1			5	11*		36
1		3*	4		6	7		14	10	11†			9			2			8								5	12		37
1	2	12			6	4†		8	10	11			9*						3			14					5	7		38
1	2		4*		6	5			10	11†			9						8	3			14	7				12		39
1	2		4		6	5*			10	11			9†						8	3			14	7				12		40
1	2		4		6	7			12	10	11								3					8			5	9*		41
1	2		4		6	5			10					9					11†	8*	3			14	7			12		42
32	20	27	39	26	29	42	10	28	17	15		16	35		1	16	1	27	24	1		13	9	10	1	12	11			
	3	7								4	2	3	1	9	2	1	5		1	2		1	1	3	4	1	1		4	2
			3						5	1	8	14	1		4	6						5			2			1	2	1

1994-95

1	Aug	20	(a)	Sheffield W	W 4-3	Sheringham, Anderton, Barmby, Klinsmann	34,051
2		24	(h)	Everton	W 2-1	Klinsmann 2	24,553
3		27	(h)	Manchester U	L 0-1		24,502
4		30	(a)	Ipswich T	W 3-1	Klinsmann 2, Dumitrescu	22,430
5	Sep	12	(h)	Southampton	L 1-2	Klinsmann	22,387
6		17	(a)	Leicester C	L 1-3	Klinsmann	21,300
7		24	(h)	Nottingham F	L 1-4	Dumitrescu	24,558
8	Oct	1	(a)	Wimbledon	W 2-1	Sheringham, Popescu	16,802
9		8	(h)	Queen's Park R	D 1-1	Barmby	25,799
10		15	(a)	Leeds U	D 1-1	Sheringham	39,362
11		22	(a)	Manchester C	L 2-5	Dumitrescu 2 (1 pen)	25,473
12		29	(h)	West Ham U	W 3-1	Klinsmann, Sheringham, Barmby	26,271
13	Nov	5	(a)	Blackburn R	L 0-2		26,933
14		19	(h)	Aston Villa	L 3-4	Sheringham, Klinsmann (pen), Bosnich (og)	26,889
15		23	(h)	Chelsea	D 0-0		27,037
16		26	(a)	Liverpool	D 1-1	Ruddock (og)	35,007
17	Dec	3	(h)	Newcastle U	W 4-2	Sheringham 3, Popescu	28,002
18		10	(h)	Sheffield W	W 3-1	Barmby, Klinsmann, Calderwood	25,912
19		17	(a)	Everton	D 0-0		32,813
20		26	(a)	Norwich C	W 2-0	Barmby, Sheringham	21,814
21		27	(h)	Crystal Palace	D 0-0		27,730
22		31	(a)	Coventry C	W 4-0	Darby (og), Barmby, Anderton, Sheringham	19,965
23	Jan	2	(h)	Arsenal	W 1-0	Popescu	28,747
24		14	(a)	West Ham U	W 2-1	Sheringham	24,578
25		25	(h)	Aston Villa	L 0-1		40,017
26	Feb	5	(h)	Blackburn R	W 3-1	Klinsmann, Anderton, Barmby	28,124
27		11	(a)	Chelsea	D 1-1	Sheringham	30,812
28		25	(h)	Wimbledon	L 1-2	Klinsmann	27,258
29	Mar	4	(a)	Nottingham F	D 2-2	Sheringham, Calderwood	28,711
30		8	(h)	Ipswich T	W 3-0	Klinsmann, Barmby, Youds (og)	24,930
31		15	(a)	Manchester U	D 0-0		43,802
32		18	(h)	Leicester C	W 1-0	Klinsmann	30,851
33		22	(h)	Liverpool	D 0-0		31,988
34	Apr	2	(a)	Southampton	L 3-4	Sheringham 2, Klinsmann	15,105
35		11	(h)	Manchester C	W 2-1	Howells, Klinsmann	27,410
36		14	(a)	Crystal Palace	D 1-1	Klinsmann	18,068
37		17	(h)	Norwich C	W 1-0	Sheringham	32,304
38		29	(a)	Arsenal	D 1-1	Klinsmann	38,337
39	May	3	(a)	Newcastle U	D 3-3	Barmby, Klinsmann, Anderton	35,603
40		6	(a)	Queen's Park R	L 1-2	Sheringham	18,637
41		9	(h)	Coventry C	L 1-3	Anderton	24,930
42		14	(h)	Leeds U	D 1-1	Sheringham	33,040

FINAL LEAGUE POSITION: 7th in F.A. Premiership

Appearances

Sub. Appearances

Goals

Walker	Kerslake	Edinburgh	Nethercott	Calderwood	Cambell	Anderton	Barmby	Klinsmann	Sheringham	Dumitrescu	Hazzard	Mabbutt	Popescu	Hill	Scott	Dozzell	Austin	Rosenthal	Thorstvedt	Howells	Caskey	McMahon	Turner	#
1	2	3	4	5	6†	7	8	9	10	11*	12	14												1
1	2	3	4†	5	6	7	8	9	10	11*	12	14												2
1	2	3	4	5*	6	7	8	9	10	11	12													3
1	2	3	4*	5	6	7	8	9	10	11		12												4
1	2	3	4	5	6	7	8*	9	10	11	12													5
1	2	3	4	5*	6	7	8	9	10	11	12													6
1	2	3			5	7		9	10	11	8*	6	4	12										7
1	2					7		9	10	11*	12	6	4		5	8	3							8
1	2	3		4*	6		8	9	10		12			11	5	7†		14						9
1	2	3		12	6*		8	9	10	11		4			5	7								10
1	2	3			6		8	9	10	11	12	4			5	7*								11
	2	3*		5			8	9	12	11	7†	6	4	14		10			1					12
1	2	3			5		8	9	10		12	6*	4			11†		14		7				13
1	2†		14	5	3	7	12	9	10			6	4							11	8*			14
1				5	3	7	8*	9	10	12		6	4		2					11				15
1				5	3	7*	8	9	10	12		6	4		2					11				16
1		12		5	3	7*	8	9	10			6	4		2					11				17
1				5	3	7	8	9	10			6			2	11	4							18
1				5	3	7	8		10			6	4		2	9	11							19
1		12		5	3	7	8	9	10			6	4		2		11*							20
1		12		5	3	7	8†	9	10			6	4		2	14	11*							21
1		14		5	3	7	8*	9	10			6	4†		2	12	11							22
1		12		5	3	7		9	10			6	4*		2	11	8							23
1		12		5	3*	7	8	9	10			6	4		2		11							24
1		3		5	11	7	8	9*	10			6	4		2			12						25
1		3	12	5	2	7	8*	9	10			6	4				11							26
1		3		5	2	7	8	9	10			6	4				11							27
1		3		5	2*	7	8	9	10			6	4†			12	14	11						28
1		3		5		7	8	9	10			6			2	11	4							29
1		3		5		7	8	9	10			6			2	11	4*	12						30
1		3		5		7	8	9	10			6			2	11	4							31
1		3		5		7	8	9	10			6			2	11	4							32
1	12	3	4*			7	8	9	10			6			2	11	5							33
1	3			5		7	8	9	10			6			2	11	4							34
1		3	12	5		7	8*	9	10			6	4		2	14	11†							35
1		3		5		7	8	9	10			6	4		2	11								36
1		3		5		7	8*	9	10			6	4		2	11		12						37
1		3		5		7	8	9	10			6			2	11	4							38
1		3		5	12	7	8*	9	10			6			2	11	4							39
1	12	3	14	5	2	7	8†	9	10			6				11*	4							40
1		3	12	5	2*	7	8	9	10			6				11	4							41
1	2	3	4	5		7		9	10			6			12			11*	8					42
41	16	29	8	35	29	37	37	41	41	11	2	33	23	1	4	6	23	14	1	26	1	2	1	
	2	2	9	1	1		1			1	2	9	3		2		1	1		6		3		
			2		5	9	20	18	4			3					1							

1995-96

#	Month	Date	H/A	Opponent	Result	Score	Scorers	Attendance
1	Aug	19	(a)	Manchester C	D	1-1	Sheringham	30,827
2		23	(h)	Aston Villa	L	0-1		26,598
3		26	(h)	Liverpool	L	1-3	Barnes (og)	31,254
4		30	(a)	West Ham U	D	1-1	Rosenthal	23,516
5	Sep	9	(h)	Leeds U	W	2-1	Howells, Sheringham	30,034
6		16	(a)	Sheffield W	W	3-1	Sheringham 2 (1 pen), Walker (og)	26,565
7		25	(a)	Queen's Park R	W	3-2	Sheringham 2 (1 pen), Dozzell	15,659
8		30	(h)	Wimbledon	W	3-1	Sheringham 2, Elkins (og)	25,321
9	Oct	14	(h)	Nottingham F	L	0-1		32,876
10		22	(a)	Everton	D	1-1	Armstrong	33,629
11		29	(h)	Newcastle U	D	1-1	Armstrong	32,257
12	Nov	4	(a)	Coventry C	W	3-2	Fox, Sheringham, Howells	17,567
13		18	(h)	Arsenal	W	2-1	Sheringham, Armstrong	32,894
14		21	(a)	Middlesbrough	W	1-0	Armstrong	29,487
15		25	(a)	Chelsea	D	0-0		31,059
16	Dec	2	(h)	Everton	D	0-0		32,894
17		9	(h)	Queen's Park R	W	1-0	Sheringham	28,851
18		16	(a)	Wimbledon	W	1-0	Fox	16,193
19		23	(h)	Bolton W	D	2-2	Sheringham, Armstrong	30,702
20		26	(a)	Southampton	D	0-0		15,238
21		30	(a)	Blackburn R	L	1-2	Sheringham	30,004
22	Jan	1	(h)	Manchester U	W	4-1	Sheringham, Campbell, Armstrong 2	32,852
23		13	(h)	Manchester C	W	1-0	Armstrong	31,438
24		21	(a)	Aston Villa	L	1-2	Fox	35,666
25	Feb	3	(a)	Liverpool	D	0-0		40,628
26		142	(h)	West Ham U	L	0-1		29,781
27		24	(h)	Sheffield W	W	1-0	Armstrong	32,047
28	Mar	2	(h)	Southampton	W	1-0	Dozzell	26,320
29		16	(h)	Blackburn R	L	2-3	Sheringham, Armstrong	31,803
30		20	(a)	Bolton W	W	3-2	Howells, Fox, Armstrong	17,829
31		24	(a)	Manchester U	L	0-1		50,508
32		30	(h)	Coventry C	W	3-1	Sheringham, Fox 2	26,808
33	Apr	6	(a)	Nottingham F	L	1-2	Armstrong	27,053
34		8	(h)	Middlesbrough	D	1-1	Armstrong	32,036
35		15	(a)	Arsenal	D	0-0		38,273
36		27	(h)	Chelsea	D	1-1	Armstrong	32,918
37	May	2	(a)	Leeds U	W	3-1	Armstrong, Anderton 2	30,024
38		5	(a)	Newcastle U	D	1-1	Dozzell	36,589

FINAL LEAGUE POSITION: 8th in F.A. Premiership

Appearances

Sub. Appearances

Goals

Walker	Austin	Edinburgh	Nethercott	Howells	Mabbutt	Kerslake	Dumitrescu	Armstrong	Sheringham	Rosenthal	Scott	Calderwood	McMahon	Wilson	Dozzell	Anderton	Campbell	Fox	Slade	Caskey	Sinton	Cundy	
1	2	3*	4	5	6	7	8	9	10	11	12												1
1	2	3		4	6	7*	8	9	10	11		5	12										2
1		2		4	6		8	9	10	11		5	7*	3	12								3
1	2			4	6			9	10	11		5	7*	3	8	12							4
1	2		4†	6				9	10	11	12	5	13	3	8	7*							5
1	2	12		6				9	10	11		5	8	3		7	4*						6
1	2	12	4	6				9	10	11		5		3	8	7*							7
1	2		4*	6				9	10	11		5	8	3	12	7							8
1	2		4	6					10	11		5	8	3	12	7*	9						9
1	2		4	6				9	10	11		5	8*	3	13	7†	11						10
1	2		4	6				9	10	11†		12	13	3	8	5*	7						11
1	2		4	6				9	10	11*		12		3	8	5	7						12
1	2		4	6				9	10	11*		5	12		8	3	7						13
1	2		4	6				9	10	11		5			8	3	7						14
1	2		4	6				9	10	11*		5	12		8	3	7						15
1	2		4	6				9	10	11*		5	12		8	3	7						16
1		12	4	6				9	10	11		5		3	8	2*	7						17
1		12	4	6				9	10	11		5		3	8*	2†	7	13					18
1		3	12	4*				9	10	8		5		11		2	7						19
1	2	3		6				9	10	8		5	4*	11		7		12					20
1	2	3	4	6		8	9	10	7	5				11									21
1	2	3	4			8*	9	10	11	5	12			6			7						22
1	2	3	4	6				9	10	11			8	5			7						23
1	2	3	4					9	10	11		5			6	7	8						24
1	2	3	12	6				9	10	13		5	8		4*	7		11†					25
1	2			6				9	10	11*		5	3	8	4	7		12					26
1			4	6				9	10	12		5	3	8	2	7*		11					27
1			4	6					10	12		5	3	8	2	7	9*	11					28
1	2	3	4	6				9	10			5*	8			7		11	12				29
1	2	12	4	6				9	10			5*	3	8	11	7†	13						30
1	2		12	4	6*			9	10				3	8	5	7		11					31
1	2		4	6				9	10				3	8	5	7		11					32
1	2	12	4	6*				9	10	13			3	8	5	7		11†					33
1	2	12	4	6*				9	10†	11			3	8	5	7	13						34
1		2	12	4	6			9	10	11			3	8†	13	5*	7						35
1		2		6				9	10	12			3	8	7	5	4		11*				36
1		2	4	6				9	10				3	8	7	5	11						37
1	2		4	6				9	10	12		13	3	8	7	5†	11*						38
38	28	15	9	29	32	2	5	36	38	29		26	7	28	24	6	31	26	1	3	8		
		7	4					7	2	3		7		4	2			4		1	1		
			3					15	16	1				3	2	1	6						

65

1996-97

1	Aug	17	(a)	Blackburn R	W 2-0	Armstrong 2	26,960
2		21	(h)	Derby Co	D 1-1	Sheringham	28,219
3		24	(h)	Everton	D 0-0		29,669
4	Sep	4	(a)	Wimbledon	L 0-1		17,306
5		7	(h)	Newcastle U	L 1-2	Allen	32,594
6		14	(a)	Southampton	W 1-0	Armstrong (pen)	15,251
7		22	(h)	Leicester C	L 1-2	Wilson (pen)	24,159
8		29	(a)	Manchester U	L 0-2		54,943
9	Oct	12	(h)	Aston Villa	W 1-0	Nielsen	32,840
10		19	(a)	Middlesbrough	W 3-0	Sheringham 2, Fox	30,215
11		26	(a)	Chelsea	L 1-3	Armstrong	28,318
12	Nov	2	(h)	West Ham U	W 1-0	Armstrong	32,975
13		16	(h)	Sunderland	W 2-0	Sinton, Sheringham	31,867
14		24	(a)	Arsenal	L 1-3	Sinton	38,264
15	Dec	2	(h)	Liverpool	L 0-2		32,899
16		7	(a)	Coventry C	W 2-1	Sheringham, Sinton	19,656
17		14	(a)	Leeds U	D 0-0		33,783
18		21	(h)	Sheffield W	D 1-1	Nielsen	30,996
19		26	(h)	Southampton	W 3-1	Iversen 2, Nielsen	30,549
20		28	(a)	Newcastle U	L 1-7	Nielsen	36,308
21	Jan	12	(h)	Manchester U	L 1-2	Allen	33,026
22		19	(a)	Nottingham F	L 1-2	Sinton	27,303
23		29	(h)	Blackburn R	W 2-1	Iversen, Sinton	22,943
24	Feb	1	(h)	Chelsea	L 1-2	Howells	33,027
25		15	(h)	Arsenal	D 0-0		33,039
26		24	(a)	West Ham U	L 3-4	Sheringham, Anderton, Howells	23,998
27	Mar	1	(h)	Nottingham F	L 0-1		32,805
28		4	(a)	Sunderland	W 4-0	Iversen 3, Nielsen	20,729
29		15	(h)	Leeds U	W 1-0	Anderton	33,040
30		19	(a)	Leicester C	D 1-1	Sheringham	20,593
31		22	(a)	Derby Co	L 2-4	Rosenthal, Dozzell	18,083
32	Apr	5	(h)	Wimbledon	W 1-0	Dozzell	32,654
33		9	(a)	Sheffield W	L 1-2	Nielsen	22,671
34		12	(a)	Everton	L 0-1		36,380
35		19	(a)	Aston Villa	D 1-1	Vega	39,339
36		24	(h)	Middlesbrough	W 1-0	Sinton	29,940
37	May	3	(a)	Liverpool	L 1-2	Anderton	40,003
38		11	(h)	Coventry C	L 1-2	McVeigh	33,029

FINAL LEAGUE POSITION: 10th in F.A. Premiership

Appearances

Sub. Appearances

Goals

Walker	Campbell	Edinburgh	Howells	Calderwood	Mabbutt	Anderton	Fox	Armstrong	Sheringham	Sinton	Nethercott	Wilson	Dozzell	Rosenthal	Nielsen	Allen	Carr	Iversen	Scales	Vega	Austin	Fenn	McVeigh	Baardsen	Clapham	
1	2	3	4	5	6*	7°	8	9	10	11	12†	13	14													1
1	6	2	4	5		7†	8*	9	10	11		3	12	13												2
1	6	2	4	5		7	9*	10	11			3	8	12												3
1	6	2	4	5	7*	10		11	12	3	9†	13	8°	14												4
1	6	2	4	5	7*	12	9	11			3	13	8	10†												5
1	6	2	4	5	7†	12	9	11*	14	3		13	8°	10												6
1	9	2*	4	5	7	11		12	6	3		13	8†	10												7
1	6	12	4*	5		7†		10	11		3	13	8	9	2											8
1	6	12	4	5		7	9	10	11*	13	3		8†		2											9
1	6	3	4	5		7	9	10		11			8		2											10
1	6	3	4	5	7*	9	10		11	12		8†	13	2												11
1	6	3	4	5		9	10		11		12	8	7*	2												12
1	6		4	5	7*		9	10	11	3		12	8		2											13
1	6		4	5	7		9	10	11	3			8		2											14
1	6	12	4	5		7	9†	10	11*	3			8	13	2											15
1	6		4	5	7		10	11	3	12	8*		2	9												16
1	6		4	5	7		10	11	3		8		2	9												17
1	6*		4	5	7		10	11	3		8		2	9	12											18
1	6		4	5	7*		10	11	3		8		2	9	12											19
1	6		4	5	7		10	11*	3	12†	13	8		2	9											20
1	6	3	8	5	12		7		11				10	2*	9		4†	13								21
1	6	3	8	5*			11†	12	14		13	10	7°		2	9		4								22
1	6	3	4		12	7*		11	13			8	10	2	9		5†									23
1	5	3°	4		12	14		11	6†	13			8	10	7*	9		2								24
1	6	3	8	5	7			10		11				2	9		4									25
1	6		8†	5	7		10	11*	3		13	12	2	9		4										26
1	6		8	5			10	11†	3	13	12	7		9	4		2*									27
1	6		8	5	7		10		3*		11	12	9	4		2										28
1	6			5	7		10	11			8	12		2	9*	4		3								29
1	6		8*	5			10	11		12	13	7		2	9	4		3†								30
1	6			5			10	11*		8	12	7		2	9	4		3								31
1	6	3			7		10	11		8	9	5			4	2										32
1	5*	3		12	7	8°	10	11		9	6†	13		4	2	14										33
1	11	3		5	12	10			8	9	7†	2*	4°	6	13	14										34
1	6	3	7*	5			10	11	12	8				4	2	13	9†									35
1	6	3	7	5			10	11		8		9		4	2											36
1°	3		9*	5	7†	12	10	11		8			4	6	2	13	15									37
	6	3				7		10	11†		8			2		4	5	12	9*	1	13					38
37	38	21	32	33	1	14	19	12	29	32	2	23	10	4	28	9	4	16	10	6	13		2	1		
	3		1		2	6		1	7	3	7		16	1	3		2		2	4	1	1	1			
		2				3	1	5	7	6		1	2	1	6	2		6		1			1			

1972-73 SEASON
FIRST DIVISION

Liverpool	42	25	10	6	72	42	60
Arsenal	42	23	11	8	57	43	57
Leeds United	42	21	11	10	71	45	53
Ipswich Town	42	17	14	11	55	45	48
Wolves	42	18	11	13	66	54	47
West Ham United	42	17	12	13	67	53	46
Derby County	42	19	8	15	56	54	46
Tottenham Hotspur	**42**	**16**	**13**	**13**	**58**	**48**	**45**
Newcastle United	42	16	13	13	60	51	45
Birmingham City	42	15	12	15	53	54	42
Manchester City	42	15	11	16	57	60	41
Chelsea	42	13	14	15	49	51	40
Southampton	42	11	18	13	47	52	40
Sheffield United	42	15	10	17	51	59	40
Stoke City	42	14	10	18	61	56	38
Leicester City	42	10	17	15	40	46	37
Everton	42	13	11	18	41	49	37
Manchester United	42	12	13	17	44	60	37
Coventry City	42	13	9	20	40	55	35
Norwich City	42	11	10	21	36	63	32
Crystal Palace	42	9	12	21	41	58	30
West Brom. Albion	42	9	10	23	38	62	28

1973-74 SEASON
FIRST DIVISION

Leeds United	42	24	14	4	66	31	62
Liverpool	42	22	13	7	52	31	57
Derby County	42	17	14	11	52	42	48
Ipswich Town	42	18	11	13	67	58	47
Stoke City	42	15	16	11	54	42	46
Burnley	42	16	14	12	56	53	46
Everton	42	16	12	14	50	48	44
Q.P.R.	42	13	17	12	56	52	43
Leicester City	42	13	16	13	51	41	42
Arsenal	42	14	14	14	49	51	42
Tottenham Hotspur	**42**	**14**	**14**	**14**	**45**	**50**	**42**
Wolves	42	13	15	14	49	49	41
Sheffield United	42	14	12	16	44	49	40
Manchester City	42	14	12	16	39	46	40
Newcastle United	42	13	12	17	49	48	38
Coventry City	42	14	10	18	43	54	38
Chelsea	42	12	13	17	56	60	37
West Ham United	42	11	15	16	55	60	37
Birmingham City	42	12	13	17	52	64	37
Southampton *	42	11	14	17	47	68	36
Manchester United *	42	10	12	20	38	48	32
Norwich City *	42	7	15	20	37	62	29

* Three clubs relegated

1974-75 SEASON
FIRST DIVISION

Derby County	42	21	11	10	67	49	53
Liverpool	42	20	11	11	60	39	51
Ipswich Town	42	23	5	14	66	44	51
Everton	42	16	18	8	56	42	50
Stoke City	42	17	15	10	64	48	49
Sheffield United	42	18	13	11	58	51	49
Middlesbrough	42	18	12	12	54	40	48
Manchester City	42	18	10	14	54	54	46
Leeds United	42	16	13	13	57	49	45
Burnley	42	17	11	14	68	67	45
Q.P.R.	42	16	10	16	54	54	42
Wolves	42	14	11	17	57	54	39
West Ham United	42	13	13	16	58	59	39
Coventry City	42	12	15	15	51	62	39
Newcastle United	42	15	9	18	59	72	39
Arsenal	42	13	11	18	47	49	37
Birmingham City	42	14	9	19	53	61	37
Leicester City	42	12	12	18	46	60	36
Tottenham Hotspur	**42**	**13**	**8**	**21**	**52**	**63**	**34**
Luton Town	42	11	11	20	47	65	33
Chelsea	42	9	15	18	42	72	33
Carlisle United	42	12	5	25	43	59	29

1975-76 SEASON
FIRST DIVISION

Liverpool	42	23	14	5	66	31	60
Q.P.R.	42	24	11	7	67	33	59
Manchester United	42	23	10	10	68	42	56
Derby County	42	21	11	10	75	58	53
Leeds United	42	21	9	12	65	46	51
Ipswich Town	42	16	14	12	54	48	46
Leicester City	42	13	19	10	48	51	45
Manchester City	42	16	12	14	64	46	43
Tottenham Hotspur	**42**	**14**	**15**	**13**	**63**	**63**	**43**
Norwich City	42	16	10	16	58	58	42
Everton	42	15	12	15	60	66	42
Stoke City	42	15	11	16	48	50	41
Middlesbrough	42	15	10	17	46	45	40
Coventry City	42	13	14	15	47	57	40
Newcastle United	42	15	9	18	71	62	39
Aston Villa	42	11	17	14	51	59	39
Arsenal	42	13	10	19	47	53	36
West Ham United	42	13	10	19	48	71	36
Birmingham City	42	13	7	22	57	75	33
Wolves	42	10	10	22	51	68	30
Burnley	42	9	10	23	43	66	28
Sheffield United	42	6	10	26	33	82	22

1976-77 SEASON
FIRST DIVISION

Liverpool	42	23	11	8	62	33	57
Manchester City	42	21	14	7	60	34	56
Ipswich Town	42	22	8	12	66	39	52
Aston Villa	42	22	7	13	76	50	51
Newcastle United	42	18	13	11	64	49	49
Manchester United	42	18	11	13	71	62	47
West Brom. Albion	42	16	13	13	62	56	45
Arsenal	42	16	11	15	64	59	43
Everton	42	14	14	14	62	64	42
Leeds United	42	15	12	15	48	51	42
Leicester City	42	12	18	12	47	60	42
Middlesbrough	42	14	13	15	40	45	41
Birmingham City	42	13	12	17	63	61	38
Q.P.R.	42	13	12	17	47	52	38
Derby County	42	9	19	14	50	55	37
Norwich City	42	14	9	19	47	64	37
West Ham United	42	11	14	17	46	65	36
Bristol City	42	11	13	18	38	48	35
Coventry City	42	10	15	17	48	59	35
Sunderland	42	11	12	19	46	54	34
Stoke City	42	10	14	18	28	51	34
Tottenham Hotspur	**42**	**12**	**9**	**21**	**48**	**72**	**33**

1977-78 SEASON
SECOND DIVISION
Bolton Wanderers	42	24	10	8	63	33	58
Southampton	42	22	13	7	70	39	57
Tottenham Hotspur	**42**	**20**	**16**	**6**	**83**	**49**	**56**
Brighton & Hove Alb.	42	22	12	8	63	38	56
Blackburn Rovers	42	16	13	13	56	60	45
Sunderland	42	14	16	12	67	59	44
Stoke City	42	16	10	16	53	49	42
Oldham Athletic	42	13	16	13	54	58	42
Crystal Palace	42	13	15	14	50	47	41
Fulham	42	14	13	15	49	49	41
Burnley	42	15	10	17	56	64	40
Sheffield United	42	16	8	18	62	73	40
Luton Town	42	14	10	18	54	52	38
Orient	42	10	18	14	43	49	38
Notts County	42	11	16	15	54	62	38
Millwall	42	12	14	16	49	57	38
Charlton Athletic	42	13	12	17	55	68	38
Bristol Rovers	42	13	12	17	61	77	38
Cardiff City	42	13	12	17	51	71	38
Blackpool	42	12	13	17	59	60	37
Mansfield Town	42	10	11	21	49	69	31
Hull City	42	8	12	22	34	52	28

1978-79 SEASON
FIRST DIVISION
Liverpool	42	30	8	4	85	16	68
Nottingham Forest	42	21	18	3	61	26	60
West Brom. Albion	42	24	11	7	72	35	59
Everton	42	17	17	8	52	40	51
Leeds United	42	18	14	10	70	52	50
Ipswich Town	42	20	9	13	63	49	49
Arsenal	42	17	14	11	61	48	48
Aston Villa	42	15	16	11	59	49	46
Manchester United	42	15	15	12	60	63	45
Coventry City	42	14	16	12	58	68	44
Tottenham Hotspur	**42**	**13**	**15**	**14**	**48**	**61**	**41**
Middlesbrough	42	15	10	17	57	50	40
Bristol City	42	15	10	17	47	51	40
Southampton	42	12	16	14	47	53	40
Manchester City	42	13	13	16	58	56	39
Norwich City	42	7	23	12	51	57	37
Bolton Wanderers	42	12	11	19	54	75	35
Wolves	42	13	8	21	44	68	34
Derby County	42	10	11	21	44	71	31
Q.P.R.	42	6	13	23	45	73	25
Birmingham City	42	6	10	26	37	64	22
Chelsea	42	5	10	27	44	92	20

1979-80 SEASON
FIRST DIVISION
Liverpool	42	25	10	7	81	30	60
Manchester United	42	24	10	8	65	35	58
Ipswich Town	42	22	9	11	68	39	53
Arsenal	42	18	16	8	52	36	52
Nottingham Forest	42	20	8	14	63	43	48
Wolves	42	19	9	14	58	47	47
Aston Villa	42	16	14	12	51	50	46
Southampton	42	18	9	15	65	53	45
Middlesbrough	42	16	12	14	50	44	44
West Brom. Albion	42	11	19	12	54	50	41
Leeds United	42	13	14	15	46	50	40
Norwich City	42	13	14	15	58	66	40
Crystal Palace	42	12	16	14	41	50	40
Tottenham Hotspur	**42**	**15**	**10**	**17**	**52**	**62**	**40**
Coventry City	42	16	7	19	56	66	39
Brighton & Hove Alb.	42	11	15	16	47	57	37
Manchester City	42	12	13	17	43	66	37
Stoke City	42	13	10	19	44	58	36
Everton	42	9	17	16	43	51	35
Bristol City	42	9	13	20	37	66	31
Derby County	42	11	8	23	47	67	30
Bolton Wanderers	42	5	15	22	38	73	25

1980-81 SEASON
FIRST DIVISION
Aston Villa	42	26	8	8	72	40	60
Ipswich Town	42	23	10	9	77	43	56
Arsenal	42	19	15	8	61	45	53
West Brom. Albion	42	20	12	10	60	42	52
Liverpool	42	17	17	8	62	46	51
Southampton	42	20	10	12	76	56	50
Nottingham Forest	42	19	12	11	62	45	50
Manchester United	42	15	18	9	51	36	48
Leeds United	42	17	10	15	39	47	44
Tottenham Hotspur	**42**	**14**	**15**	**13**	**70**	**68**	**43**
Stoke City	42	12	18	12	51	60	42
Manchester City	42	14	11	17	56	59	39
Birmingham City	42	13	12	17	50	61	38
Middlesbrough	42	16	5	21	53	51	37
Everton	42	13	10	19	55	58	36
Coventry City	42	13	10	19	48	68	36
Sunderland	42	14	7	21	58	53	35
Wolves	42	13	9	20	47	55	35
Brighton & Hove Alb.	42	14	7	21	54	67	35
Norwich City	42	13	7	22	49	73	33
Leicester City	42	13	6	23	40	67	32
Crystal Palace	42	6	7	29	47	83	19

1981-82 SEASON
FIRST DIVISION
Liverpool	42	26	9	7	80	32	87
Ipswich Town	42	26	5	11	75	53	83
Manchester United	42	22	12	8	59	29	78
Tottenham Hotspur	**42**	**20**	**11**	**11**	**67**	**48**	**71**
Arsenal	42	20	11	11	48	37	71
Swansea City	42	21	6	15	58	51	69
Southampton	42	19	9	14	72	67	66
Everton	42	17	13	12	56	50	64
West Ham United	42	14	16	12	66	57	58
Manchester City	42	15	13	14	49	50	58
Aston Villa	42	15	12	15	55	53	57
Nottingham Forest	42	15	12	15	42	48	57
Brighton & Hove Alb.	42	13	13	16	43	52	52
Coventry City	42	13	11	18	56	62	50
Notts County	42	13	8	21	45	69	47
Birmingham City	42	10	14	18	53	61	44
West Brom. Albion	42	11	11	20	46	57	44
Stoke City	42	12	8	22	44	63	44
Sunderland	42	11	11	20	38	58	44
Leeds United	42	10	12	20	39	61	42
Wolves	42	10	10	22	32	63	40
Middlesbrough	42	8	15	19	34	52	39

1982-83 SEASON
FIRST DIVISION

Team	P	W	D	L	F	A	Pts
Liverpool	42	24	10	8	87	37	82
Watford	42	22	5	15	74	57	71
Manchester United	42	19	13	8	56	38	70
Tottenham Hotspur	**42**	**20**	**9**	**13**	**65**	**50**	**69**
Nottingham Forest	42	20	9	13	62	50	69
Aston Villa	42	21	5	16	62	50	68
Everton	42	18	10	14	66	48	64
West Ham United	42	20	4	18	68	62	64
Ipswich Town	42	15	13	14	64	50	58
Arsenal	42	16	10	16	58	56	58
West Brom. Albion	42	15	12	15	51	49	57
Southampton	42	15	12	15	54	58	57
Stoke City	42	16	9	17	53	64	57
Norwich City	42	14	12	16	52	58	54
Notts County	42	15	7	21	55	71	52
Sunderland	42	12	14	16	48	61	50
Birmingham City	42	12	15	16	40	55	50
Luton Town	42	12	13	17	65	84	49
Coventry City	42	13	9	20	48	59	48
Manchester City	42	13	8	21	47	70	47
Swansea City	42	10	11	21	51	69	41
Brighton & Hove Alb.	42	9	13	20	38	67	40

1983-84 SEASON
FIRST DIVISION

Team	P	W	D	L	F	A	Pts
Liverpool	42	22	14	6	73	32	80
Southampton	42	22	11	9	66	38	77
Nottingham Forest	42	22	8	12	76	45	74
Manchester United	42	20	14	8	71	41	74
Q.P.R.	42	22	7	13	67	37	73
Arsenal	42	19	9	15	74	60	63
Everton	42	16	14	12	44	42	62
Tottenham Hotspur	**42**	**17**	**10**	**15**	**64**	**65**	**61**
West Ham United	42	17	9	16	60	55	60
Aston Villa	42	17	9	16	59	61	60
Watford	42	16	9	17	68	77	57
Ipswich Town	42	15	8	19	55	57	53
Sunderland	42	13	13	16	42	53	52
Norwich City	42	12	15	15	48	49	51
Leicester City	42	13	12	17	65	68	51
Luton Town	42	14	9	19	53	66	51
West Brom. Albion	42	14	9	19	48	62	51
Stoke City	42	13	11	18	44	63	50
Coventry City	42	13	11	18	57	77	50
Birmingham City	42	12	12	18	39	50	48
Notts County	42	10	11	21	50	72	41
Wolves	42	6	11	25	27	80	29

1984-85 SEASON
FIRST DIVISION

Team	P	W	D	L	F	A	Pts
Everton	42	28	6	8	88	43	90
Liverpool	42	22	11	9	78	35	77
Tottenham Hotspur	**42**	**23**	**8**	**11**	**78**	**51**	**77**
Manchester United	42	22	10	10	77	47	76
Southampton	42	19	11	12	56	47	68
Chelsea	42	18	12	12	63	48	66
Arsenal	42	19	9	14	61	49	66
Sheffield Wednesday	42	17	14	11	58	45	65
Nottingham Forest	42	19	7	16	56	48	64
Aston Villa	42	15	11	16	60	60	56
Watford	42	14	13	15	81	71	55
West Brom	42	16	7	19	58	62	55
Luton Town	42	15	9	18	57	61	54
Newcastle United	42	13	13	16	55	70	52
Leicester City	42	15	6	21	65	73	51
West Ham United	42	13	12	17	51	68	51
Ipswich Town	42	13	11	18	46	57	50
Coventry City	42	15	5	22	47	64	50
Q.P.R.	42	13	11	18	53	72	50
Norwich City	42	13	10	19	46	64	49
Sunderland	42	10	10	22	40	62	40
Stoke City	42	3	8	31	24	91	17

1985-86 SEASON
FIRST DIVISION

Team	P	W	D	L	F	A	Pts
Liverpool	42	26	10	6	89	37	88
Everton	42	26	8	8	87	41	86
West Ham United	42	26	6	10	74	40	84
Manchester United	42	22	10	10	70	36	76
Sheffield Wednesday	42	21	10	11	63	54	73
Chelsea	42	20	11	11	57	56	71
Arsenal	42	20	9	13	49	47	69
Nottingham Forest	42	19	11	12	69	53	68
Luton Town	42	18	12	12	61	44	66
Tottenham Hotspur	**42**	**19**	**8**	**15**	**74**	**52**	**65**
Newcastle United	42	17	12	13	67	72	63
Watford	42	16	11	15	69	62	59
Q.P.R.	42	15	7	20	53	64	52
Southampton	42	12	10	20	51	62	46
Manchester City	42	11	12	19	43	57	45
Aston Villa	42	10	14	18	51	67	44
Coventry City	42	11	10	21	48	71	43
Oxford United	42	10	12	20	62	80	42
Leicester City	42	10	12	20	54	76	42
Ipswich Town	42	11	8	23	32	55	41
Birmingham City	42	8	5	29	30	73	29
West Brom	42	4	12	26	35	89	24

1986-87 SEASON
FIRST DIVISION

Team	P	W	D	L	F	A	Pts
Everton	42	26	8	8	76	31	86
Liverpool	42	23	8	11	72	42	77
Tottenham Hotspur	**42**	**21**	**8**	**13**	**68**	**43**	**71**
Arsenal	42	20	10	12	58	35	70
Norwich City	42	17	17	8	53	51	68
Wimbledon	42	19	9	14	57	50	66
Luton Town	42	18	12	12	47	45	66
Nottingham Forest	42	18	11	13	64	51	65
Watford	42	18	9	15	67	54	63
Coventry City	42	17	12	13	50	45	63
Manchester United	42	14	14	14	52	45	56
Southampton	42	14	10	18	69	68	52
Sheffield Wednesday	42	13	13	16	58	59	52
Chelsea	42	13	13	16	53	64	52
West Ham United	42	14	10	18	52	67	52
Q.P.R.	42	13	11	18	48	64	50
Newcastle United	42	12	11	19	47	65	47
Oxford United	42	11	13	18	44	69	46
Charlton Athletic	42	11	11	20	45	55	44
Leicester City	42	11	9	22	54	76	42
Manchester City	42	8	15	19	36	57	39
Aston Villa	42	8	12	22	45	79	36

1987-88 SEASON
FIRST DIVISION

Liverpool	40	26	12	2	87	24	90
Manchester United	40	23	12	5	71	38	81
Nottingham Forest	40	20	13	7	67	39	73
Everton	40	19	13	8	53	27	70
Q.P.R.	40	19	10	11	48	38	67
Arsenal	40	18	12	10	58	39	66
Wimbledon	40	14	15	11	58	47	57
Newcastle United	40	14	14	12	55	53	56
Luton Town	40	14	11	15	57	58	53
Coventry City	40	13	14	13	46	53	53
Sheffield Wednesday	40	15	8	17	52	66	53
Southampton	40	12	14	14	49	53	50
Tottenham Hotspur	**40**	**12**	**11**	**17**	**38**	**48**	**47**
Norwich City	40	12	9	19	40	52	45
Derby County	40	10	13	17	35	45	43
West Ham United	40	9	15	16	40	52	42
Charlton Athletic	40	9	15	16	38	52	42
Chelsea	40	9	15	16	50	68	42
Portsmouth	40	7	14	19	36	66	35
Watford	40	7	11	22	27	51	32
Oxford United	40	6	13	21	44	80	31

1988-89 SEASON
FIRST DIVISION

Arsenal	38	22	10	6	73	36	76
Liverpool	38	22	10	6	65	28	76
Nottingham Forest	38	17	13	8	64	43	64
Norwich City	38	17	11	10	48	45	62
Derby County	38	17	7	14	40	38	58
Tottenham Hotspur	**38**	**15**	**12**	**11**	**60**	**46**	**57**
Coventry City	38	14	13	11	47	42	55
Everton	38	14	12	12	50	45	54
Q.P.R.	38	14	11	13	43	37	53
Millwall	38	14	11	13	47	52	53
Manchester United	38	13	12	13	45	35	51
Wimbledon	38	14	9	15	50	46	51
Southampton	38	10	15	13	52	66	45
Charlton Athletic	38	10	12	16	44	58	42
Sheffield Wednesday	38	10	12	16	34	51	42
Luton Town	38	10	11	17	42	52	41
Aston Villa	38	9	13	16	45	56	40
Middlesbrough	38	9	12	17	44	61	39
West Ham United	38	10	8	20	37	62	38
Newcastle United	38	7	10	21	32	63	31

1989-90 SEASON
FIRST DIVISION

Liverpool	38	23	10	5	78	37	79
Aston Villa	38	21	7	10	57	38	70
Tottenham Hotspur	**38**	**19**	**6**	**13**	**59**	**47**	**63**
Arsenal	38	18	8	12	54	38	62
Chelsea	38	16	12	10	58	50	60
Everton	38	17	8	13	51	33	59
Southampton	38	15	10	13	71	63	55
Wimbledon	38	13	16	9	47	40	55
Nottingham Forest	38	15	9	14	55	47	54
Norwich City	38	13	14	11	44	42	53
Q.P.R.	38	13	11	14	45	44	50
Coventry City	38	14	7	17	39	59	49
Manchester United	38	13	9	16	46	47	48
Manchester City	38	12	12	14	43	52	48
Crystal Palace	38	13	9	16	42	66	48
Derby County	38	13	7	18	43	40	46
Luton Town	38	10	13	15	43	57	43
Sheffield Wednesday	38	11	10	17	35	51	43
Charlton Athletic	38	7	9	22	31	57	30
Millwall	38	5	11	22	39	65	26

1990-91 SEASON
FIRST DIVISION

Arsenal	38	24	13	1	74	18	83
Liverpool	38	23	7	8	77	40	76
Crystal Palace	38	20	9	9	50	41	69
Leeds United	38	19	7	12	65	47	64
Manchester City	38	17	11	10	64	53	62
Manchester United	38	16	12	10	58	45	59
Wimbledon	38	14	14	10	53	46	56
Nottingham Forest	38	14	12	12	65	50	54
Everton	38	13	12	13	50	46	51
Tottenham Hotspur	**38**	**11**	**16**	**11**	**51**	**50**	**49**
Chelsea	38	13	10	15	58	69	49
Q.P.R.	38	12	10	16	44	53	46
Sheffield United	38	13	7	18	36	55	46
Southampton	38	12	9	17	58	69	45
Norwich City	38	13	6	19	41	64	45
Coventry City	38	11	11	16	42	49	44
Aston Villa	38	9	14	15	46	58	41
Luton Town	38	10	7	21	42	61	37
Sunderland	38	8	10	20	38	60	34
Derby County	38	5	9	24	37	75	24

Arsenal 2 points deducted
Manchester United 1 point deducted

1991-92 SEASON
FIRST DIVISION

Leeds United	42	22	16	4	74	37	82
Manchester United	42	21	15	6	63	33	78
Sheffield Wednesday	42	21	12	9	62	49	75
Arsenal	42	19	15	8	81	46	72
Manchester City	42	20	10	12	61	48	70
Liverpool	42	16	16	10	47	40	64
Aston Villa	42	17	9	16	48	44	60
Nottingham Forest	42	16	11	15	60	58	59
Sheffield United	42	16	9	17	65	63	57
Crystal Palace	42	14	15	13	53	61	57
Q.P.R.	42	12	18	12	48	47	54
Everton	42	13	14	15	52	51	53
Wimbledon	42	13	14	15	53	53	53
Chelsea	42	13	14	15	50	60	53
Tottenham Hotspur	**42**	**15**	**7**	**20**	**58**	**63**	**52**
Southampton	42	14	10	18	39	55	52
Oldham Athletic	42	14	9	19	63	67	51
Norwich City	42	11	12	19	47	63	45
Coventry City	42	11	11	20	35	44	44
Luton Town	42	10	12	20	38	71	42
Notts County	42	10	10	22	40	62	40
West Ham United	42	9	11	22	37	59	38

1992-93 SEASON
PREMIER DIVISION

Team	P	W	D	L	F	A	Pts
Manchester United	42	24	12	6	67	31	84
Aston Villa	42	21	11	10	57	40	74
Norwich City	42	21	9	12	61	65	72
Blackburn Rovers	42	20	11	11	68	46	71
Q.P.R.	42	17	12	13	63	55	63
Liverpool	42	16	11	15	62	55	59
Sheffield Wednesday	42	15	14	13	55	51	59
Tottenham Hotspur	**42**	**16**	**11**	**15**	**60**	**66**	**59**
Manchester City	42	15	12	15	56	51	57
Arsenal	42	15	11	16	40	38	56
Chelsea	42	14	14	14	51	54	56
Wimbledon	42	14	12	16	56	55	54
Everton	42	15	8	19	53	55	53
Sheffield United	42	14	10	18	54	53	52
Coventry City	42	13	13	16	52	57	52
Ipswich Town	42	12	16	14	50	55	52
Leeds United	42	12	15	15	57	62	51
Southampton	42	13	11	18	54	61	50
Oldham Athletic	42	13	10	19	63	74	49
Crystal Palace	42	11	16	15	48	61	49
Middlesbrough	42	11	11	20	54	75	44
Nottingham Forest	42	10	10	22	41	62	40

1993-94 SEASON
F.A. PREMIERSHIP

Team	P	W	D	L	F	A	Pts
Manchester United	42	27	11	4	80	38	92
Blackburn Rovers	42	25	9	8	63	36	84
Newcastle United	42	23	8	11	82	41	77
Arsenal	42	18	17	7	53	28	71
Leeds United	42	18	16	8	65	39	70
Wimbledon	42	18	11	13	56	53	65
Sheffield Wednesday	42	16	16	10	76	54	64
Liverpool	42	17	9	16	59	55	60
Q.P.R.	42	16	12	14	62	64	60
Aston Villa	42	15	12	15	46	50	57
Coventry City	42	14	14	14	43	45	56
Norwich City	42	12	17	13	65	61	53
West Ham United	42	13	13	16	47	58	52
Chelsea	42	13	12	17	49	53	51
Tottenham Hotspur	**42**	**11**	**12**	**19**	**54**	**59**	**45**
Manchester City	42	9	18	15	38	49	45
Everton	42	12	8	22	42	63	44
Southampton	42	12	7	23	49	66	43
Ipswich Town	42	9	16	17	35	58	43
Sheffield United	42	8	18	16	42	60	42
Oldham Athletic	42	9	13	20	42	68	40
Swindon Town	42	5	15	22	47	100	30

1994-95 SEASON
F.A. PREMIERSHIP

Team	P	W	D	L	F	A	Pts
Blackburn Rovers	42	27	8	7	80	39	89
Manchester United	42	26	10	6	77	28	88
Nottingham Forest	42	22	11	9	72	43	77
Liverpool	42	21	11	10	65	37	74
Leeds United	42	20	13	9	59	38	63
Newcastle United	42	20	12	10	67	47	72
Tottenham Hotspur	**42**	**16**	**14**	**12**	**66**	**58**	**62**
Q.P.R.	42	17	9	16	61	59	60
Wimbledon	42	15	11	16	48	65	56
Southampton	42	12	18	12	61	63	54
Chelsea	42	13	15	14	50	55	54
Arsenal	42	13	12	17	52	49	51
Sheffield Wednesday	42	13	12	17	49	57	51
West Ham United	42	13	11	18	44	48	50
Everton	42	11	17	14	44	51	50
Coventry City	42	12	14	16	44	62	50
Manchester City	42	12	13	17	53	64	49
Aston Villa	42	11	15	16	51	56	48
Crystal Palace	42	11	12	19	34	49	45
Norwich City	42	10	13	19	37	54	43
Leicester City	42	6	11	25	45	80	29
Ipswich Town	42	7	6	29	36	93	27

1995-96 SEASON
F.A. PREMIERSHIP

Team	P	W	D	L	F	A	Pts
Manchester United	38	25	7	6	73	35	82
Newcastle United	38	24	6	8	66	37	78
Liverpool	38	20	11	7	70	34	71
Aston Villa	38	18	9	11	52	35	63
Arsenal	38	17	12	9	49	32	63
Everton	38	17	10	11	64	44	61
Blackburn Rovers	38	18	7	13	61	47	61
Tottenham Hotspur	**38**	**16**	**13**	**9**	**50**	**38**	**61**
Nottingham Forest	38	15	13	10	50	54	58
West Ham United	38	14	9	15	43	52	51
Chelsea	38	12	14	12	46	44	50
Middlesbrough	38	11	10	17	35	50	43
Leeds United	38	12	7	19	40	57	43
Wimbledon	38	10	11	17	55	70	41
Sheffield Wednesday	38	10	10	18	48	61	40
Coventry City	38	8	14	16	42	60	38
Southampton	38	9	11	18	34	52	38
Manchester City	38	9	11	18	33	58	38
Q.P.R.	38	9	6	23	38	57	33
Bolton Wanderers	38	8	5	25	39	71	29

1996-97 SEASON
F.A. PREMIERSHIP

Team	P	W	D	L	F	A	Pts
Manchester United	38	21	12	5	76	44	75
Newcastle United	38	19	11	8	73	40	68
Arsenal	38	19	11	8	62	32	68
Liverpool	38	19	11	8	62	37	68
Aston Villa	38	17	10	11	47	34	61
Chelsea	38	16	11	11	58	55	59
Sheffield Wednesday	38	14	15	9	50	51	57
Wimbledon	38	15	11	12	49	46	56
Leicester City	38	12	11	15	46	54	47
Tottenham Hotspur	**38**	**13**	**7**	**18**	**44**	**51**	**46**
Leeds United	38	11	13	14	28	38	46
Derby County	38	11	13	14	45	58	46
Blackburn Rovers	38	9	15	14	42	43	42
West Ham United	38	10	12	16	39	48	42
Everton	38	10	12	16	44	57	42
Southampton	38	10	11	17	50	56	41
Coventry City	38	9	14	15	38	54	41
Sunderland	38	10	10	18	35	53	40
Middlesbrough	38	10	12	16	51	60	39
Nottingham Forest	38	6	16	16	31	59	34